JN410937

모든 나를 응원한다

모든 나를 응원한다

초판 1쇄 발행 | 2018년 10월 29일

지은이 | 박현주
펴낸이 | 공상숙
펴낸곳 | 마음세상

주 소 | 경기도 파주시 한빛로 70 515-501

출판등록 | 2011년 3월 7일 제406-2011-000024호

ISBN | 979-11-5636-287-6 (03810)

원고 투고 | maumsesang@nate.com

* 값 13,200원

* 마음세상은 삶의 감동을 이끌어내는 진솔한 책을 발간하고 있습니다. 참신한 원고가 준비되셨다면 망설이지 마시고 연락주세요.

이 도서의 국립중앙도서관 출판예정도서목록(CIP)은 서지정보유통지원시스템 홈페이지(http://seoji.nl.go.kr)와 국가자료종합목록시스템(http://www.nl.go.kr/kolisnet)에서 이용하실 수 있습니다. (CIP제어번호 : CIP2018029845)

모든 나를 응원한다

박현주 지음

마음세상

들어가는 글

나는 고등학교 1학년 때부터 명확한 꿈을 정해 그것을 목표로 20대 중반까지 열심히 살아갔다. 그 시기에 정말 많은 일이 있었고, 내가 간절히 원하고, 노력만 한다면, 그 일들이 이루어진다는 것을 알게 되었다.

대학 시절엔 영상 공모전에서 입상하기도 했고, 졸업 후엔 대학교 동기 오빠를 통해 MBC 시즌드라마 '라이프 특별 조사팀' 오프닝 타이틀을 작업하기도 했다. 우리나라에서 유명한 M/V 감독인 디지페디 감독님들과 홍원기 감독님을 만나기도 했다. 죽기 전에 다이시 댄스를 만나고, 그의 무대를 꾸며주고 싶다는 소망이 있었다. 근데 신기하게도 내가 일하고 있던 클럽에서 다이시 댄스가 공연하게 되어, 그의 무대 영상을 작업해주게 된다. 그와 악수도 하며, 정말 멋진 무대 영상이었다는 이야기도 들었다.

그리고 그 시기에 원투의 '별이 빛나는 밤에'와 바다의 'Mad' M/V 영상 소스 작업에도 참여하게 된다. 그러다 무대 영상이라는 장르가 더욱 와 닿아 타이밍 좋게 무대 영상 회사를 알게 되어 이직한다. 그 회사는 이승환 씨의 콘서트 무대 영상을 초창기 때부터 맡아온 터줏대감이었다. 그 계기로 그의 콘서트 무대 영상 중 10집 앨범 'Dreamizer' 수록곡 중에 '개미 혁명' 이란 곡의 무대 영상을 맡기도 했다. 간절한 꿈을 항상 생각하며, 한 걸음 한 걸음 앞으로 나아가니 놀랍게도 영광스러운 일들이 계속해서 다가왔다.

그러나 꿈과 현실과의 괴리에서 많은 회의를 느끼며, 그 문제에 대해 반년 이상을 고민한다. 누가 봐도 멋지게 보는 나의 직업과 꿈을 뒤로한 채, 현실과 타협하며, 간호조무사로 전업하여 평범하게 살기 시작한다. 그때부터 나의 처절한 방황은 시작된다. 꿈도 없이 평범한 생활을 하게 되면서, 과거의 꿈을 향한 찬란한 여정이 사무치게 그리워진다. 꿈이 있던 때에는 하루하루가 설레었지만, 꿈이 사라진 후의 하루하루는 지긋지긋하고 지루하기만 했다.

그래서 나는 다음 꿈을 무엇으로 정해야 숨어 있던 열정을 다시 끄집어낼 수 있을지 고민하기 시작한다. 그 과정이 아주 괴로워, 나의 영혼은 갈가리 찢어진다.

장장 7년 동안 '삶의 의미는 뭐지?' '내게 희열을 주는 꿈은 뭐지? 있기나 한 걸까?' '왜 사는 거지?' '행복이란 뭐지?'란 고민을 수없이 하며 영혼의 방황을 했다. 남들과 같이 결혼을 하고, 아이를 낳고, '행복한 가정을 갖자'라는 꿈을 정해보지만, 나에게 던져지는 수많은 질문들의 답을 해결해 주진 못했다. 그럴수록 나 자신을 찾고 싶어 발버둥 쳤다. 7년이라는 긴 시간 동안 답을 구하지 못한 채, 의미 없는 하루하루를 보내게 된다.

그러다 우연히 나의 마음을 후벼 파는 책들을 만나 독서와 글쓰기의 세계로 빠져들며, 내게 던졌던 답을 조금씩 찾게 되면서 나의 힘으로 다시 인생의 노를 젓기 시작했다. 독서와 글쓰기로 방황을 끝낸 나는 행복한 주부로 하루하루를 소중히 살아가고 있다.

나와 같이 찬란하고 빛나던 20대를 뒤로하고, 결혼과 육아를 통해 나를 잃고 힘없이 살아가는 사람들이 많다. 살아가는 이유에 대해 자신에게 던지는 수많은 질문의 답을 구하지 못한 채 현실에 치여 사는 많은 여성도 있다. 나 또한 숨쉬기조차 힘겨운 방황을 겪었다. 그런 분들을 볼 때면 안타깝고, 동지애가 느껴진다.

내 마음에 큰 울림을 준 책들이 모두 평범한 일반인이었던 작가들의 책이었다. 평범한 주부, 평범한 일반인들 말이다. 평범한 이들이 쓴 책을 보고, 평범한 내가 너무나도 큰 울림을 받다니…….

꼭 유명작가가 아니더라도, 크나큰 울림을 받을 수 있다는 걸 알게 되었다. 그 책들로 인해, 기나긴 방황을 마치고, 마음에선 무언가 뜨거운 것이 달아오르기 시작했다.

그날부터 나는 살기 위해 독서를 하기 시작했다. 내게 다가오는 모든 잡념을 물리치기 위해서라도 열심히 책을 읽어나갔다. 읽으면 읽을수록 내게 위로와 용기를 줬던 작가님들처럼 나도 누군가에게 내 이야기로 힘을 보태고 싶다는 생각이 들기 시작했다. 꿈은 크든 작든 가져야 한다고 생각한다. 꿈 없이 지루한 일상을 보내는 것보단 꿈을 가지고 목표를 향해 스펙타클한 삶을 사는 게 더욱 재미있는 건 두말하면 잔소리다.

내 마음을 울렸던 책을 통해 독서와 글쓰기로 기나긴 방황의 종지부를 찍고 나 자신과 만났다. 이제야 나를 위한 한 걸음 한 걸음을 내딛기 시작한 거처럼, 누군가가 나의 평범한 이야기로 인해 마음의 치유와 용기를 얻길 기도하며 책을 쓴다. 나의 평범함은 여러분과 더욱 가까운 공감대를 형성할 수 있다고 믿는다.

유명인사의 성공 이야기를 읽으면 교훈은 얻지만 평범한 삶과는 거리가 있는 그들의 삶은 괴리감을 주기도 한다. 내 이야기는 평범하기에 여러분에게 쉽게 다가갈 수 있을 거라 생각한다. 부디 이 책으로 용기를 얻고, 기나긴 방황의 굴레를 벗어나는 분들이 있길 기도한다. 여러분의 인생을 응원한다.

상심이 클수록
좌절이 클수록
열등감이 클수록

내가 느낀 만큼
내가 슬픈 만큼
내가 괴로운 만큼

그대로
딛고 일어서주면 되는 거다.
그럼 나는 그만큼 성장한다.

괴로움을 즐기고,
나약함을 즐기라.
그리고 그걸 소화해라.
그럼 나는 성장하고 또 성장할 테니…….

제1장
과거를 그리워하는 나

과거의 자유로움이 그리워

싱글일 때는 당연시하여 몰랐던 자유의 소중함을 이제서야 깨닫는다. 그 시절엔 그렇게도 일상적이었던 자유들이 지금 내게는 없다. 이룰 수 없는 꿈과 같이 손에 잡히지 않는다. 아내, 엄마, 직장인이라는 직책으로 숨 막히는 현실을 보낼 때면, 내겐 어김없이 슬럼프가 찾아온다.

20대에는 슬럼프를 이겨내는 방법이 있었다. 슬럼프가 찾아오면 처음엔 포근한 이불을 두르고 무기력하게 누워만 있다가 어느 정도 정신이 들면 나만의 시간을 갖는다. 책도 읽고, 영화도 보고, 음악도 듣고, 나를 다독이는 글쓰기도 하다 보면, 어느새 슬럼프는 저만치 사라졌었다.

그러나 지금은 그럴 수 있는 시간이 없다. 내게 주어진 역할에 집중하기에도 시간은 너무나도 빠듯하다. 아침에 일어나면, 초스피드로 화장하고 옷을 입는다. 밥은 어디로 들어가는지도 모른 채 아이 먹이고 등원 준비를 한다. 정신없이 아이를 등원시키고 나서야 내 품새를 본다. 그제야, 정리 안 된 옷매무새

와 머리를 알아채고, 가다듬으며 부랴부랴 출근한다. 아슬아슬하게 지각을 면한다. 서둘러 유니폼으로 갈아입고, 진료 준비를 한다. 어느새 6시가 되어 퇴근 시간이 된다. 내가 준비한 저녁들을(삼각김밥, 빵) 챙겨 들고 퇴근을 하면서 먹어댔다.

그럴 때면 동료들이 "잘도 먹는다. 배꼽시계는 정말 탁월해."라며 놀림 반 우려 반인 말들을 했다. 하원 시간이 늦어 엄마를 애타게 기다릴 아이 생각에, 마음은 더욱 조급해진다. 퇴근하며 먹는 편의점 간단 식사를 우걱우걱 집어넣으며, 살기 위해 배를 채우고, 종종걸음으로 부지런히 어린이집을 향해 간다.

저녁 7시 반이 돼서야 하원을 시켰다. 컴컴해져야 어린이집에서 나오는 아이……. 그 아이는 놀이터에 가고 싶다고 아우성이다. 어느 순간 하원 후 놀이터에서 20~30분 노는 게 일상이 되어갔다. 늦은 시간 인적 드문 놀이터에서 신나게 웃으며 노는 아이를 보는 순간이면 미안한 마음이 들면서도 나도 모르게 미소를 짓고 있었다. 그러나 언제까지고 신나게 놀 순 없기에, 내가 끝을 내줘야 하는 시점이 온다. 아이를 어르고 달래기 시작한다. 이 시간은 보통 십여 분 정도는 걸린다. 엄마를 애타게 기다렸을 아이……. 엄마와 놀고 싶었던 아이의 마음을 생각하니 마음이 아프다.

그러나 내일의 출근과 등원을 위해서는 아이와의 줄다리기에서 이겨 집으로 데리고 가야만 했다. 힘들게 데리고 집에 온다. 시간은 어느새 저녁 8시 반을 향하고 있다. 아이는 시간 연장 반이므로, 다행히 저녁을 어린이집에서 먹는다. 초반에 나는 저녁을 먹지 않고 퇴근을 했었다. 그런데 집에 오면 마땅히 저녁 먹을 시간이 없었다. 집에 와서 애랑 놀아주고, 목욕시키고, 집안 살림을 하다 보면, 시간은 밤 10시……. 나 살자고 하는 짓인데 밥도 먹지 못하는 내 모습이 너무나도 처량하고 비참해서 울음이 나오기도 했다. 그래서 현실적으로 고안해낸 최고의 방법이 퇴근하는 시간 동안 저녁을 먹으며 오는 것이었다. 저녁 먹을 시간도 내겐 노력해야 생기는 시간이었다.

타인의 시선을 아랑곳하지 않고 김밥과 빵을 먹으며 걸었던 나. 싱글일 때는 걸으면서 무언 갈 먹는 사람들을 혐오했었다. 다른 이들은 생각 안 하고, 음식 냄새 풀풀 내면서, 음식을 먹는 게 곱게 보이지 않았었다. 그런 내가 손에 먹을 것을 들고 걸어가며 허겁지겁 먹어대고 있다. 어떨 때는 저녁거리를 준비 못해, 퇴근 중에 편의점에 들려, 저녁거리를 샀다. 눈치가 보이더라도 지하철과 버스를 타는 동안 타인의 시선을 애써 외면한 채 저녁을 먹기도 했다.

이런 빡빡하고 숨 막히는 현실에서 슬럼프가 오면, 피폐해질 대로 피폐해진 나의 정신력으론 헤어나올 수 없었다. 그렇게 슬럼프는 풀리지 않고 쌓여만 갔다. 그리고 그 화는 신랑과 아이에게 온전히 쏟아졌다.

나는 슬럼프를 이겨낼 수 있는 나만의 시간만 있다면, 이렇게 힘들진 않을 거라며, 상황을 탓했다. 현실의 한계로 이룰 수 없는 나의 크나큰 소망일 뿐……. 슬럼프로 인한 화가 폭발하기 일보 직전이다 싶으면, 맥주와 TV를 벗 삼아 슬럼프를 잠재우려 노력했다. 그럴 때마다 과거의 자유가 너무나도 그리웠다. 산책하고 싶으면, 산책하면 되고, 영화를 보고 싶으면, 영화를 보면 되고, 쇼핑하고 싶으면, 여유롭게 쇼핑을 즐기다가 물질적인 만족을 채우면 됐다. 그리고 늦잠 자고 싶으면 한없이 늦잠을 잘 수도 있었다.

30대가 되면 일상적이던 자유란 게 사라질 줄은 몰랐다. 미리 알았다면, 나의 자유로운 시간을 더욱 소중히 여기며, 낭비 없이 보냈을 것이다. 후회가 밀려온다. 그리고 나의 자유가 너무나도 절실하고 애타게 그립다.

나의 사랑스러운 자유는 언제면 내게 다시 돌아오는 걸까? 육아에 치이고, 살림에 치이고, 직장생활에 치이고, 내 시간이란 주어질 수 없는 그 무언가인 거처럼, 아직은 손에 닿지 않는 허상일 뿐……. 나만의 시간이 너무나도 그립다. 온전한 나만의 시간…….

30대에 내 시간은 내가 노력해야 얻을 수 있었다. 아이를 재우고 평소보다 늦게 자든, 일찍 일어나든, 내가 노력해야 얻을 수 있는 것……. 이렇게까지 해야 하나 싶었지만, 나만의 자유가 너무나도 그리워 나는 시도했다.

피곤이 무슨 대수랴. 잠이 무슨 대수랴. 처음엔 아침에 일어나는 것도 늦게 자는 것도 너무 힘들었다. 온종일 직장과 육아와 살림에 시달리고 아이를 재우면 10시 반이다. 아이를 재우면 긴장이 풀려 알아채지 못했던 하루의 피곤이 파도처럼 몰려왔다. 자고 싶지만 애써 잠을 이겨내며 나의 시간을 보내려 발악해본다. 아침 일찍 일어나는 것도 엄청난 곤욕이었다.

그러나 나의 자유를 잡지 못할까 두려운 마음이 더욱 컸다. 내가 살기 위해서는 해야만 했다. 힘들었지만 몇 번 시도하니 일찍 일어나는 게 수월해졌다. 아무도 방해하지 않는 조용한 시간. 너무 조용해서 오히려 경건해지는 시간.

새벽 시간에 일어나 숨 쉬니, 내 마음도 평온해졌다. 책도 읽고, 일기도 쓰고, 영화도 보며, 예전에 즐기던 나만의 시간을 짧게라도 가지니, 너무나도 달콤했다. 아주 오랜만에 자유로움을 즐기는 내 영혼이 너무나도 반가웠다. 진실한 나를 만날 수 있었고, 얼룩으로 찌든 내 영혼을 조금은 씻겨줄 수 있었다. 나만의 시간을 잠깐이라도 가지니 하루의 활력 에너지가 충전되듯, 그날 하루는 더욱 잘 버틸 수 있었다.

그러나 치열한 육아와 현실에서 나의 의지는 점점 약해지며, 자기 합리화하는 날이 늘어났고, 시도는 점점 줄어들었다. 마음속으론 새벽 시간의 유무로 마음 상태의 차이를 확연히 알고 있음에도 의지가 너무 약했다. 의지를 쥐어짜내 보려 해도, 힘이 나지 않았다. 내 마음은 바람처럼 휘둘리는 대로 기력 없고 나약하기만 했다.

이럴 때면 내게 주어진 상황이 너무 싫었다. 결혼은 왜 했는지, 아이는 왜 낳았는지, 후회가 되기도 했다. 그저 자유롭던 과거의 내가 그립기만 했다.

내가 좋아했던 것들이 뭐였지?

'나는 뭘 좋아했었지? 맞아. 나는 영화 보기를 좋아했고, 카페 분위기에 심취하며 커피 마시기도 좋아했고, 쇼핑하는 것도 좋아했었지?!'

평범한 취미들이지만, 어느 순간 내가 뭘 좋아하는지도 까맣게 잊고 있었다. 평소엔 직장생활과 육아로 인해 저녁 먹을 시간도 없는데, 어떻게 영화 보고, 커피 마시고, 쇼핑할 생각을 할 수 있겠는가. 워킹맘이 되면서 나의 취미들은 원치 않게 거리가 생기게 되었다.

그래도 초반엔 노력했었다. 일이 일찍 끝나는 날에는 극장에서 영화를 보거나 카페에서 커피도 마셨고, 집 근처 아울렛에서 쇼핑도 즐겼다.

그러나 시간이 지날수록 횟수는 줄어들었다. 항상 피곤했기에 집에서 쉬고만 싶었다. 몸도 마음도 여유가 없는데, 이런 사치를 즐기기엔 버겁기만 했다. 어느 순간엔 즐거움도 잊은 건조한 사람이 되어 있었다. 어떨 때는 쇼핑을 하다 사고픈 걸 사면 마음이 무거워져 발걸음도 무거워졌고, 내게 맞지 않는 옷을 입은 거 마냥 거추장스럽고 불편해졌다.

일이 일찍 끝나 나를 위한 선물을 한다는 명목으로 오랜만에 혼자 극장에서 영화를 본 적이 있었다. 근데 신기하게도, 영화를 본다는 설렘보단 어린이집에서 나를 기다릴 아이 생각에 미안해졌다. 어서 보고 아이에게 가야겠다는 생각이 들었다.

그날부터 나는 일이 일찍 끝나더라도 극장을 안 가게 되었다. 가서 보더라도 마음 편히 볼 수 없는 것을 알았기 때문이다. 그래서 마지막으로 극장에서 봤던 영화가 뭐였는지 기억도 안 난다. 개봉 영화에도 관심이 많았던 나였는데, 관심 밖의 일이 되었다.

그래도 보고 싶은 영화가 있으면 다운로드 받아서, 출퇴근 시간에 틈틈이 보기도 했다. 그렇다 보니, 한가지 영화를 보려면 며칠이 걸리기도 했다. 어느 순간엔 영화를 다운로드 받는 것조차 피곤하고 귀찮아져서 그만두었다.

나의 큰 즐거움이었던 카페에서 커피를 마시는 것도 어느 순간이 되자 사치처럼 느껴졌다. 집에서 먹는 커피랑 비교했을 때 그 맛이 그 맛인데 무엇 하러 카페에서 사다 마시나 싶었다. 그래서 커피가 마시고 싶으면 집에서 만들어 먹기 시작했다.

그렇게 나는 취미 생활을 점점 멀리하게 되었다. 종종 오랜만에 하게 되더라도, 부모님들이 "필요도 없는 걸 왜 샀어?"라고 자식들에게 잔소리하는 것처럼, 나도 내게 잔소리를 하고 있었다. "시간도 빠듯하고, 돈도 아껴야 하는데 취미 생활은 왜 했니?" 이젠 영화를 봐도 재미가 없고, 비싼 커피를 마셔도 그 맛이 그 맛이고, 쇼핑도 재미없는 낭비가 되었다. 이런 생활을 하는 사람들을 간혹 볼 때면 낭비를 왜 하나 싶어진 180도로 변한 내가 되었다. 나를 위해 시간과 돈을 소비하기보단, 가족과 함께 소비하는 것이 뿌듯하고, 편해졌다. 한편으로는 과거엔 그렇게도 좋아하고 즐기던 취미들이 현실에 찌들면서 낭비와 사치로 느껴지는 게 슬프다.

그렇지만 좋게 생각하기로 했다. 이 상황들로 인해 나는 새로운 두 가지 취미가 생겼다. 첫 번째는 무조건 집에서 쉬기고, 두 번째는 독서이다. 집에서 쉬는 것은 돈도 안 들고, 휴식도 취하며 심신을 충전시킬 수 있다. 일거양득이다. 시간이 주어진다면, 집에서 아무것도 안 하며 쉬고만 싶다. 집에서 쉬다 보니, 자연스레 책과도 친해졌다.

집에서 뒹굴뒹굴하다 보면, 장르에 상관없이 책을 읽게 되었다. 책은 빠듯한 삶에서의 숨구멍이 되어 주었다. 억지로 끼워 맞추는 것일지도 모르지만, 이 상황이 나를 책과 연결시켜주었을지도 모른다. 만약 취미들을 만족스럽게 충족시키고 있었다면, 집에서 쉬지도 않고 책과 가까워지지도 않았을 것이다. 환경에 따라 사람이 변하게 되는 것은 어쩔 수 없는 이치인가 보다.

'사람은 분수에 맞게 살아야 한다.'는 말도 있지 않은가. 분명 과거의 취미는 아직도 내게 즐거움을 줄 것이다. 상황이 여의치 않다 보니, 애써 외면하고 있다고 생각한다. 사람은 환경에 적응하는 존재가 아니던가. 나는 지금의 상황에서 최고의 방법을 찾아 적응하고 있다. 포기할 건 과감히 포기해야 한다. 포기하지 않고 떠안고 있다면, 나만 괴로울 뿐이다. 분명 취미 생활을 마음 편히 즐기게 되는 날은 다시 올 것이다. 우리 주위에도 아이를 다 키우고, 취미 생활과 자기 가꾸기에 바쁜 분들이 많지 않은가.

그런 걸 보면, 그들도 취미에 갈증을 달고 살았을 거라고 생각한다. 하고 싶어도 못했던 취미들 말이다. 나도 언젠간 그 날이 올 것이다. 지금은 힘들더라도, 조금만 참고 견뎌보자. 아이들을 다 키우면 나도 다시 취미 생활을 할 수 있을 거라는 희망을 품고 버텨보자. 상황을 변화시킬 수는 없으니, 시간이 흐르길 참고 이겨내야지 별수 있겠는가. 이로써 포기와 인내라는 걸 배우게 되고, 취미 생활의 소중함을 깨닫게 되는지도 모른다.

'나의 취미들아! 조금만 기다려줘. 내가 꼭 찾아갈게!'

뒤돌아보니 나는 행운아였네

지금 와서 과거를 뒤돌아보니, 나에겐 정말 많은 운이 따랐음을 깨닫는다. 나의 20대는 정말 찬란했고, 열정적이었고, 나름대로 멋지게 살았음을 온몸으로 느낀다. 아쉽게도 이런 것은 대부분 지나야 깨닫는다. 그때 깨달았다면, 더 열성적으로 미련 남지 않게 최선을 다하며 살았을 텐데…….

그러나 안타깝게도 그때는 하루하루 살아가기 바쁘기만 했다. 나는 고등학교 1학년 때 '타이타닉'을 보며, 영화의 특수효과에 매료된다. 그 순간의 감동과 전율은 아직도 잊히지 않는다. 그렇게 한 편의 영화로 인해 나의 꿈이 생기게 되었다. 어떻게 하면 저 분야에서 일할 수 있을지 고민하게 되었다. 그 무렵은 인터넷 초창기라 정보를 찾기가 쉽지 않았다. 나의 방향은 정해졌고, 잘 항해해 나가기만 하면 되었다.

당장 무언가를 알아보기엔 나이도 어렸고, 정보도 많지 않았기에 나의 꿈을 마음 한구석에 소중한 보물로 포장하여 보관한다. 고등학교 3학년이 되고, 진로를 고민하던 시기에 제주도라는 환경에서 영상에 관련된 전문기관을 찾아봤지만, 내가 원하던 특수효과에 관련된 학원은 찾을 수 없었다. 어떻게 해야 저 분야에 발을 들여놓을 수 있을까를 계속 고민했던 시기였다. 고민 끝에 지금의 상황에서 최고의 선택은 제주대학교 산업디자인 멀티미디어전공을 선택하는 것이라고 결론을 내린다. 우선 디자인 감각을 키우기 위해, 그에 맞는 과에 들어가는 것이 좋을 거 같았다.

대학에 들어가서 개인적으로 특수효과에 대해 점점 알아보기 시작한다. 학교 도서관에 가서 영상에 관련된 잡지도 읽으며, 조금씩 정보를 모았다. 그러면서 모션그래픽이라는 분야가 있음을 알게 되었다. 집에 오자마자 인터넷으로 검색을 했다. 여러 학원이 뜬다. 검색하다 보니 'rhythmical imagination'이라는 네이버 카페가 있는 걸 알게 되었다. 그날부터 이 카페를 들락거리며 도움을 받기 시작한다. 그리고 관련 분야를 독학으로 조금씩 다지고, 휴학하여 서울의 영상 전문학원을 잠깐 다녔다. 하루하루가 환희에 찬 날들이었다.

그땐 어설펐지만, 영상작업을 하는 게 너무나도 재밌고, 하나하나 알아갈수록 보물을 얻는 거 마냥 기뻤고, 잘하고 싶다는 욕심으로 가득 차 있었다. 밤새며 작업하는 것도 너무 즐거웠다. 재미와 즐거움 그 자체였다.

그러다 나보다 더 세련되게 작업하고, 스킬이 좋고, 작업 레이아웃들을 깔끔하게 정리하는 이들을 보며, 열등감에 빠져 슬럼프가 오기도 했지만, 나를 다독이며, 슬럼프를 이겨내기도 많이 했었다. 졸업 후엔 주체할 수 없는 흥분으로 꿈을 안고 서울로 올라와 본격적으로 모션그래픽학원에 다니기로 한다. 내가 다니려는 'VDAS'라는 모션그래픽 학원은 유명한 곳으로 포트폴리오를 보내고 합격하였다는 연락을 받아야만 다닐 수 있는 곳이다.

내 꿈을 향한 첫 번째 관문이었다. 포트폴리오를 보내며 연락을 기다린다.

연락을 받더라도, 한 학기 개강이 시작되려면 몇 달은 기다려야 했으므로, 그 사이 아르바이트를 해야 했다. 이왕 하는 거 일반적인 아르바이트가 아닌 영상과 관련된 아르바이트를 하고 싶다고 생각했지만, 마땅한 자리를 찾을 수는 없었다.

그러다 '윙스몰'이라는 쇼핑몰에서 일반 포장 아르바이트를 구한다는 글을 봤다. 시간도 괜찮고, 페이도 괜찮아서 지원한다. 쇼핑몰 실장님은 영상 분야에서 공부하는 나의 경력 사항을 보시곤 연락을 주셨다. 영상팀에서도 인원을 한 명 뽑고 있는데, 팀에 합류해서 영상촬영 아르바이트를 해달라고 제안하시면서, 포트폴리오를 보내 달라고 하셨다. 최종 결정은 포트폴리오를 보고 다시 연락을 주신다고 하셨다. 다행히 며칠 뒤 팀장님께서 같이 일하자고 연락이 오셨고, 난 학원에 다니기 전까지 생활비를 벌 수 있었다. 그 사이에 'VDAS'에서도 합격 연락이 왔다. 뛸 듯이 기뻤다. 영상촬영 아르바이트를 하며 개강일만 기다리면 되는 것이었다.

쇼핑몰에서 한창 영상 아르바이트를 하고 있을 즈음에 대학교 동기 오빠가 연락이 왔다. MBC에서 막내 PD인지 CP로 일하고 있던 오빠였다. 정확한 직책이 생각이 나진 않는다. 아무튼, 오빠가 이번에 시작하는 시즌드라마 '라이프 특별 조사팀' 팀원으로 들어가게 됐는데, 오프닝 타이틀을 작업해줄 사람을 찾고 있다는 거였다. 나보고 드라마 오프닝 타이틀을 작업해보는 건 어떠냐며 제안을 한다. 공중파 드라마라 부담이 됐다. 아르바이트하면서 병행해야 하는 작업이라, 작업이 잘 진행될지 걱정이 됐지만, 내게 주어진 기회를 놓치고 싶지 않아, 해보겠다고 한다.

한 달 정도 작업했던 거 같은데, 괴롭긴 했다. 아르바이트가 끝나고 밤늦게까지 작업하다가 잠깐 자고, 다시 아르바이트를 가야 하는 생활을 한달 동안 지속하다 보니, 체력도 정신력도 많이 약해졌다. 막판에는 거의 밤을 새우다시피 했었다. 마감 날짜가 있어서 그날은 맞춰줘야 했기에, 밤을 안 새울 수가 없었다. 다행히 마무리하여 오빠에게 넘겼다. 너무 후련했다. 완벽하게 작업하지 못한 게 후회도 됐지만, 어쩔 수 없었다.

그리고 얼마 후 TV에서 내가 작업한 영상이 나왔다. 다행히 오빠가 편집으로 마무리를 멋지게 해줘서, 퀄리티가 나쁘지 않았다. 오빠에겐 미안했지만, 정말 뿌듯했다.

'VDAS' 학원 개강일이 되어 부푼 기대를 안고, 학원에 다니기 시작한다. 정말 환희에 찬 하루하루였다. 시간은 흘러 학원을 이수하고, 취직해야 하는 시기가 왔다. 그때의 나는 클럽 VJing 분야에 흠뻑 매료되어 있었다. 그래서 VJ 일을 꼭 해보고 싶었다. 다행히 내게 딱 맞는 자리가 있어서 클럽으로 취직한다. 그렇게 원 없이 VJing을 경험한다.

그 후 M/V에 한창 심취해있을 때도 있었다. 여러 가지 M/V를 보다가, 클래지콰이의 'beat in love'의 M/V를 보게 되었다. 그 순간 온몸에서 전율이 흘렀다.

'우리나라에서 어떻게 저런 뮤직비디오가 나오지?'

그때가 2008년도였는데, 대체 어떤 감독이 이렇게도 개성 있고, 실험적이며, 감각적인 뮤직비디오를 만드는 건지 너무 궁금해서 참을 수가 없었다.

몇 날 며칠을 검색하고 검색하다, 디지페디(Digipedi, Digital Pedicure)라는 그룹에서 만든 것임을 알게 된다. 그것을 발견한 순간 온몸이 짜릿했다.

난 그분들을 직접 만나고 싶었다. 다행히 디지페디 감독님들의 싸이월드 클럽이 있어서, 문을 두드렸고, 내 심정을 강하게 어필하는, 글들을 몇 번 남기다가, 박상우 감독님께서 작업실 근처에 와서 이야기를 나누자고 제안하셨다. 정말 숨 쉴 수 없을 정도로 가슴이 뛰었다. 너무나도 영광스러운 만남이었다. 감독님들을 압구정동 작업실 근처 카페에서 만나게 되었다. 좋은 말도 듣고, 작업실도 구경시켜 주셨다. 작업실을 구경시켜 주겠다는 말에 정말 몸 둘 바를 몰랐었다.

특히 박상우 감독님께 많은 격려와 힘을 받았고, 좋은 기회가 되면 같이 작업하자는 이야기까지 들으며 명함까지 받았었다. 그 후로도 여러 번 메신저를 통해 대화를 나눴다. 기회가 되면 같이 작업하자고 말씀하셨을 때, 나는 너무나 영광스럽게 기쁘면서도, 한편으론 두려웠다.

'이분들의 퀄리티에 나 같은 애가 같이 일할 수 있을까? 내 실력은 그만큼이 안 되는데……. 그리고 같이 작업하다가 내 작업에 실망하시면 어쩌지…….' 라는 두려움과 함께 겁부터 났다.

그때 더욱 당돌하게 부딪혀봤다면, 어떤 일이 일어났을까? 클럽에서 VJing일을 할 때도 같이 일하던 동료 오빠를 통해 원투의 '별이 빛나는 밤에'와 바다의 'Mad' M/V 영상소스 작업에도 참여하게 된다. 그리고 비슷한 시기에 동료 오빠를 통해 홍원기 M/V 감독님을 만나기도 했다.

세트장에도 구경 가봤고, 홍원기 감독님과 악수도 하고, 대화도 하게 된다. 그때 작업하셨던 미술 감독님께서는 어떻게 작업이 진행되는지 세트 설명과 여러 가지 이야기들을 해주셨다. 다시 생각해봐도 정말 영광스러운 일이었다.

그리고 내가 일하던 클럽에서 '다이시 댄스'가 공연을 하러 온다고 했다. 나는 '다이시 댄스'를 매우 좋아한다. 그의 'Romance For Journey'는 지금 들어도 전율이 흐른다. 내가 '다이시 댄스'를 직접 만나게 된다니……. 정말 흥분되었다. 사실 나는 죽기 전에 '다이시 댄스'의 무대 영상을 꼭 해보고 싶었다. 그게 나의 꿈의 리스트에 있었다.

그렇게 꿈의 리스트 중의 하나인 다이시 댄스의 무대 영상을 만들게 된다.

그 영상을 그의 앞에서 튼다는 것은 정말 내 평생에 잊지 못할 순간일 것이다.

다이시 댄스가 내가 만든 영상을 보고, 정말 멋지다고 이야기도 해줬었다. 정말 세상을 다 가진 기분이었다.

그리고 MBC 무대 영상 연출로 활동하시는 VJ SSONG 님이 있다. (MBC 쇼!음악중심, MBC 연기대상, MBC 추석특집 '나는 가수다', MBC 방송 연예 대상 등등을 작업하셨다) 지금은 활동하시는지는 모르겠지만, 그때 그분은 활발한 활동을 하고 계셨다. 그녀의 무대 영상을 보면, 화려하고 이쁜 색감들에 매료가 되었다. 그녀를 만나고 싶었다. 인터넷으로 여차여차하여 만남을 성사시켜 여러 가지 조언을 들었다. 어떻게 이렇게 두려워하지 않고, 당차게 내달렸을까? 지금의 나로선 생각할 수도 없는 대단했던 과거의 나이다.

그러다 무대 영상이라는 장르가 더욱 와 닿아 타이밍 좋게 무대 영상 회사를 알게 되어 이직했다. 그 회사는 부산국제모터쇼에서 기아와 현대 부스 영상을 담당했고, 크고 굵직한 기업행사의 무대 영상도 했으며, 이승환 씨의 콘서트 무대 영상을 초창기 때부터 맡아온 터줏대감이었다.

그 계기로 이승환 씨의 공장장 사무실 드림팩토리에 미팅도 가보았다. 거기서 이승환 씨를 직접 만나 악수도 했었다. 이승환 씨는 '콘서트의 황제'란 수식어와 걸맞게 콘서트 무대만큼은 정말 깐깐하고 세심하게 직접 아이디어도 제안하며 참여하셨다. 그의 콘서트 무대 영상 작업물을 분배하다 보니, 나는 10집 앨범 [Dreamizer] 수록곡 중에 '개미 혁명' 이란 곡의 무대 영상을 맡게 되었다. 무대 영상 콘셉트를 정리하던 중 실장님은 내게 겁을 주셨다. 이승환 씨는 무대만큼은 정말 깐깐하기 때문에 잘 준비하라고 하셨다. 그 이야기를 듣고는 걱정도 되긴 했지만, 신기하게도 작업이 설레고 즐거웠다.

드디어 미팅 날이 되었고, 실장님은 나의 콘셉트 안을 들고 이승환 씨의 작업실을 찾는다. 실장님이 돌아오시는 시간이 어찌나 길게 느껴지던지……. 애간장이 탔다.

미팅 후 돌아오신 실장님은 내 콘셉트가 통과되었다고 말해주셨다. 이승환 씨가 나의 콘셉트와 영상 시안이 곡이랑 너무 잘 맞고, 아트웍이 이쁘다며 좋아했단다. 그 말도 너무 좋았지만, 내 콘셉트가 누군가에게 인정받고, 한 번에 통과되었다는 기쁨이 더 컸다. 짜릿한 전율은 내 몸을 휘감았고, 순간 바닥이 사라지며, 하늘로 솟구치는 느낌이랄까? 기뻐서 온몸이 바들바들 떨렸다. 그 느낌은 정말 잊을 수가 없다.

이승환 씨의 열광적인 콘서트 현장에서 나의 작업물이 틀어지는 걸 눈앞에서 보니, 환상의 세계에 있는 듯 황홀한 광채가 온몸을 감쌌다.

대학 졸업 후 서울로 올라왔던 20대 중반의 2~3년 동안, 나의 열정은 절정에 다다랐고, 모든 일에 일단 부딪혔다. 신기하게도 내가 하고 싶으면 무언가 술술 풀리듯 모든 게 막힘 없이 이루어졌고, 만나고 싶은 사람들도 신기하게 만났다. 정말 찬란하고 꿈 같았던 시절이었다. 그때의 환희와 전율이 애타게 그립다.

그러나 그 시절 내게는 더 큰 기회들이 왔었지만, 난 그 기회들은 잡지 못했다. 조금만 더 자신감을 가지고 당돌하게 도전했다면, 디지페디 감독님과 VJ SSONG 님하고도 작업하는 경험을 가졌을지도 모른다. 그리고 무대 영상 회사에 계속 남아 있었다면, 몸은 힘들었을지 몰라도 경력을 쌓으며 점점 발전했을 것이다. 내가 조금만 더 힘을 냈다면 잡을 수 있었던 기회들이었다. 그러나 나는 외면한 채 다른 선택을 한다.

그때의 나는 계속되는 철야 작업에 몸도 마음도 지쳐있었기에 영상에 대한 자신감도 애정도 많이 떨어졌다. 퇴근해도 일의 연속 선상에 놓이는 것도 스트레스가 되어 갔다. 그러면서 분신과도 같이 사랑하던 영상이라는 분야에 회의를 느끼기 시작했고, 아쉽게도 손만 뻗으면 잡을 기회들을 잡지 못했다. 조금만 참고 견뎠다면 어땠을까 하는 아쉬움이 밀려오지만, 내 선택에 후회는 없다. 그때는 나를 충전시켜 줄 여가 시간이 절실히 필요했고, 퇴근하더라도 마음 편히 쉬며 사람답고 여유롭게 살고 싶었다. 그래서 근무 시간에 맞춰 일이 끝나고, 퇴근 후에도 일의 연속선상에 놓이지 않는 직업으로 전업을 결심한다.

많은 고민 끝에 간호조무사로 전업을 하여 중앙대학병원 신경외과 병동에서 실습하게 된다. 정말 좋으신 수간호사 선생님을 만나 많은 걸 배웠고, 힘들지 않게 실습을 이어나갈 수 있었다. 어느새 실습시간은 다 채워졌고, 간호조무사 자격증도 딴다. 그 후로 두 번이나 옮긴 직장동료들과 원장님들도 모두 좋으셨다.

뜬금없는 소리일진 모르겠지만, 두 번째로 옮긴 곳이 난임 의원이었는데, 거기서 일하면서 10년 동안 노력해도 실패만 하던 다이어트에 성공한다. 아무것도 안 하고 그저 열심히 일하기만 했는데 놀랍게도 3달 만에 8kg이 빠졌다. 돈 벌면서 살까지 빼다니, 꿩 먹고 알 먹고, 누이 좋고 매부 좋고~ 그 후론 좀 더 자신감 있게 행동할 수 있었다. 정말 행운이 따로 없었다.

이렇게 지나온 과거를 돌이켜 보면, 분명 힘든 시간도 있었지만, 행운이 따른 순간도 너무 많았음을 깨닫는다. 앞으로도 내가 간절히 원한다면 내겐 행운이 따르는 삶이 이어질 것을 믿고 또 믿으며 살아가고 있다. 그래서 지금 더욱 방황을 하고 있는 건지도 모르겠다.

준비만 되면 기회는 항상 내게 다가오듯 이번에도 꿈으로 향하는 기회가 다가온다면 주저 말고 당차게 움켜잡아 달려나가겠다고 30대가 된 나에게 외쳐본다. 과거의 환희와 열정으로 충만했던 꿈에 대한 발걸음들이 너무나도 그립다. 그때와 같은 환희와 열정을 다시 느껴보고 싶다.

내게 다가왔던 행운의 기회들에게도 너무나도 고맙다. 그로 인해 많은 것을 배우고, 나를 성장시킬 수 있는 거름이 되지 않았는가. 지금 현실이 힘들기만 해 보여도, 뒤돌아보면 분명 행운이 깃든 일들이 있을 것이다. 그 순간에는 깨닫지 못한다는 게 안타깝지만 말이다.

그러므로 우리는 매 순간의 자그마한 일이라도 내게 다가온 기회일지도 모른다고 생각하며, 움켜잡아 보자. 그러다 보면, 생각지도 못한 더 큰 기회들이 나를 향해 다가올지도 모른다. 그것들이 쌓이다 보면 내 인생의 좋은 밑거름이 될 것이다.

과거의 나에게

안녕? 네게 편지를 언제 마지막으로 썼는지 너무나도 오래되어 기억이 나질 않아. 과거의 너를 생각하면, 정말 고마운 게 많은 거 같아. 여러 가지 방황도 하고, 현실의 벽도 오롯이 경험했었지. 그렇지만 굴하지 않고, 묵묵히 한 발 한 발 노력하며 꿈을 향해 나아갔던 네가 너무나도 자랑스러워. 너보다 더 살고 있는 내가 그때보다 못한 인간이 된 것만 같아, 너무나도 슬퍼져.

너의 열정이 그립기만 해. 지금의 나로선 똑같은 상황이 다시 온다면, 너처럼 행동할 수 있을까? 그때의 넌 뭐든 부딪치고 봤었지. 안 하고 미련 갖고 사는 것보다는 하고 후회하는 게 낫다는 인생모토를 가지며 정말 열심히 도전했어. 내가 클럽에서 일하기 시작했다고 지인들에게 말하자. 지인들은 놀라워했었지.

"너 같이 순진한 애가 클럽에서 일한다고? 괜찮겠어?"

다들 이런 반응이었어. 우리나라에서 클럽은 조금 어두운 시선으로 보잖아. 어둠의 덩굴에 스스로 발을 들여놓는다면서 주위에서 많이 걱정했지. 솔직히 살짝 겁나고 두렵기도 했지만, 한편으론 너무 설레고 기대됐어. 같이 일하는 분 중에 양아치 같은 분들이 있으면 어떡하냐며 걱정이란 아이가 나의 발목을 잡으려고도 했었지. 그렇지만 클럽 VJing을 꼭 경험해보고 싶다는 일념 하나로 마음을 단단히 고쳐먹고 출근을 했었잖아. 막상 다녀보니 내게 너무나도 친절히 대해주고, 배려해주는 동료들을 만나 얼마나 감사했는지 몰라. 덕분에 좋은 추억도 많이 만들었지.

그때 난 느꼈어. 일반인들에게 꽁꽁 묶여 있는 고정관념이 보잘것없다는 것을 말이야. 역시 직접 경험하며 느껴 봐야 한다는 걸 다시 한번 배우게 됐지. 사람들이 걱정하는 일이라고 해도, 내가 직접 뛰어들어보면, 그렇게 큰일이 아님을 알게 되는 경우가 많았거든.

내가 경험한 클럽은 활력이 넘치고, 즐겁고, 유쾌하고, 음악을 사랑하고, 춤을 사랑하고, 사람을 사랑하는 그런 곳이었어. 당연히 힘든 점이 없진 않았지만, 얻은 게 더 많았다고 생각해. 이렇게 스스로 뛰어들어 인생 교훈을 하나하나 얻었던 너. 정말 대견스럽다. 그때의 네가 또 되어보고 싶어!

열정으로 가득 차 있던 너에게 나는 과연 돌아갈 수 있을까? 너보다 미래에 살고 있는 나는 삶의 갈피를 잡지도 못한 채 기나긴 방황을 하고 있어. 아마도 꿈과 현실의 괴리에서 꿈을 포기하며, 나약해진 또 다른 내 모습이 등장해서일 거야. 혼란스러운 틈을 타 방황의 씨앗은 뿌리를 내렸지. 열정으로 충만하던 네가 아픔으로 상처받아 꼭꼭 숨어버렸기에, 그런 너를 다시 만나고 싶어서 이렇게 방황하고 있는 건지도 몰라. 그렇지만 아직까진 너를 다시 만날 수 없었어. 어디에 꼭꼭 숨었는지, 흔적조차 찾을 수 없어서 얼마나 슬픈지 몰라. 그런 너에게 이렇게 편지를 쓴다.

너를 더 까먹기 전에 너에게 꼭 해줄 말이 있어. 꿈을 포기했다고 상처와 아픔 속에서 허우적대던 불과 얼마 전의 너를 이젠 놓아줄게. 네가 부딪혔던 도전들로 인해 더 나은 내가 될 수 있었다고 말해주고 싶어. 나한테서 굳이 숨어있지 말고, 이젠 나와도 돼. 나와도 나는 너를 괴롭히지 않을게. 넌 그때의 너이고, 나는 지금의 나니까.

만약 내가 너를 붙잡는다고 해서, 그때의 네가 되는 게 아니라는 걸 알아. 그저 너랑 서로 힘을 내며 앞을 향해 나아가고 싶어. 나는 나대로 갈 길을 찾아야 한다는 걸 알거든. 내 앞에 펼쳐진 길을 헤쳐나가다 보면, 나는 나대로 또 다른 배움을 얻게 되겠지?

이젠 숨어있지 말고, 홀가분하게 나와서 상쾌하게 공기도 마시며, 자유롭게 살아가길 바래. 그리고 너를 만나면 꼭 하고 싶은 두 가지가 있어. 열정으로 가득했던 너를 느끼고 싶고, 아픔으로 얼룩진 너를 포근히 안아주며 격려해주고 싶어.

항상 너를 응원할게. 그러니 힘내. 나도 힘낼 테니.

우리 같이 인생의 바다를 잘 헤엄쳐 나가자.

제2장
30대가 되어

30대란…….

나는 30대가 되면, 뭔가 달라져 있을 줄 알았다. 진정한 어른이 되어 세상 돌아가는 것도 빠삭하고, 번듯하게 자리를 잡고 있을 줄 알았다. 그러나 현실은 별반 다를 게 없고, 나는 그대로다. 오히려 더욱 센 현실의 억압들이 나를 옥죄어 온다. 숨이 막힌다.

20대엔 마음의 방황을 많이 하며 힘들긴 했지만, 그래도 자유라는 게 있었고, 찬란한 꿈을 꿀 수도 있었다. 30대가 되니, 가정이라는 것이 생기고 내가 책임져야 할 역할들도 늘어나면서 함부로 행동할 수 없게 되었다. 더욱더 현실과 타협해야 하고, 철이 들어야 했다.

철이 든다는 것은 나의 자유로움을 제어한다는 것이다. 무엇을 하고 싶고, 자유롭게 놀고 싶고, 떠나고 싶고, 무작정 무언 갈 도전하고 싶은 행동을 현실이라는 잣대에 빗대어, 해야 될 것과 하지 말아야 할 것, 해서 이익인 것과 손해인 것 등을 계산하게 한다.

어린 시절에 순수했던 마음은 온데간데없이 현실의 상황에 빗대어 나를 제어하는 걸 우리는 철이 들었다며 칭찬을 한다. 나를 위해 사는 것인데, 세상의 잣대에 맞춰 살아간다. 슬프다. 나 또한 어른이 되는 과정에서 손해 보는 행동들은 억압해야 한다는 걸 배운다.

무언가를 진심으로 하고 싶지만, 손해가 된다면 하면 안 된다. 이 기준을 어디든 적용하다 보면 무언 갈 계속 제한하게 된다. 이런 삶이 싫은 사람들은 속세를 떠나, 산중으로 들어가는 사람들도 있다.

우리는 그들을 TV에서 종종 보게 되며, 그들의 삶을 보며, 경이에 찬 눈으로 바라본다. 나도 용기가 있다면, 그러고 싶지만, 많은 잣대에 억압된 현실에서 쇠사슬에 묶여있는 거마냥 쉽사리 도망치지 못한다.

이런 현실에서, 내 아이의 순수함을 볼 때면, 나의 찬란한 어린 시절이 생각난다. 나의 과거도, 저렇게 순수하고 찬란했는데……. 얼룩으로 때 묻은 지금 나의 영혼을 수세미로 팍팍 닦아내고 싶어진다. 아이를 보며, 나 또한, 미미하게나마 순수해지는 걸 느낀다.

소박한 것에 같이 웃고 즐거워한다. 돌아가지 못하는 유년시절을 그리워하며, 잠시나마 행복함을 느끼게 된다. 20대엔 자유라는 게 있었다. 내가 하고 싶고, 사고 싶은 게 있으면, 마음대로 행동할 수 있었다.

그러나 30대가 되고, 가정이 생기면서 지금까지 살던 방식과 달라지니, 방향도 모른 채 기력 없이 하루하루를 이리저리 휘둘리며 살아가게 된다.

30대에 나는 육춘기를 앓는다.

청소년 시절엔 사춘기.

20대에 오춘기.

30대에 육춘기.

40대가 되면 칠춘기가 오는 건가?

왜 사는 걸까……. 행복은 뭔가……. 끝없는 질문이 내게 던져진다.

그러나 답을 주기엔 아직도 나는 방황하는 중이다. 언제면 답을 찾을 수 있을까. 답을 얻을 순 있기나 한 걸까?

30대가 이렇다 보니, 40대가 기대되지 않는다. 남은 인생이 지금과 별반 다르지 않을 것을 알기에 슬프다.그렇다고 슬픈 현실에 안일하게 적응하며, 살 수는 없다고 생각해보지만, 방법도 모르겠고, 의욕도 없다. 아직 살날이 많이 남았는데도 처량하기만 하다. 30대에는 뭔가를 이루고 있을 거라는 희망에 젖어 있던 내가 가엾게 느껴진다.

'어떻게 30대를 보내야 할까? 길은 뭘까? 나를 숨 쉬게 하는 방법은 뭘까? 누구라도 내게 답을 좀 줘! 제발 부탁이야!'

아무리 외쳐봐도 아무 대답도 들려오지 않는다. 이 문제는 나만이 풀어나갈 수 있음을 알기에, 힘이 빠지고 두렵다. 과연 문제의 답을 찾을 수 있을까?

아마 30대는 내게 던져진 문제의 답을 구하고자 시행착오를 겪어나가는 나이가 아닐까 한다. 그 과정에서 좌절하고, 절망하며, 수 없는 상처를 받고는 털썩 주저앉겠지……. 지금 내가 이 상황이다. 주저앉아버렸다. 일어나고 싶지만, 힘이 안 난다. 그렇지만 절대 포기는 하지 않겠다고 다짐한다.

나의 30대니까……. 미련하더라도 질문을 떠안고 살아보겠다. 언젠간 문득 마음이 내게 답을 알려줄 거라 믿는다. 마음은 풀리지 않는 문제의 답을 어느 순간엔 알려줬으니 말이다.

답은 내 안에 있다. 내가 깨닫지 못할 뿐이다.

결혼의 현실을 알게 되다

우리 부부는 4년을 연애하여 결혼했고, 결혼한 지는 4년 차다. 4년의 연애 중에 싸운 건 불과 2~3번, 주위 연인들이 신기하다고도 하고, 싸울 땐 싸워야 한다며 핀잔을 주기도 했었다.

근데 우리는 싸울 일이 없었다. 문제가 생기면 항상 대화를 통해 풀어나간 것이 비법이라면 비법이려나……. 이렇게 서로를 배려하고 사랑하던 우리도 다른 이들처럼 결혼이라는 결실을 맺는다.

'아! 드디어 행복한 날들의 연속이겠구나! 결혼이라는 축복의 길로 나도 발을 들여놓는구나.'라며 따뜻한 빛이 내 마음속에서 쏟아져 나왔다.

결혼 후의 생활은 하루하루가 의미 있고, 달콤했다. 주위에선 결혼은 무덤과 같다고 했지만, 나는 결혼은 좋은 것인데 왜 저렇게 생각하나 싶었다. 주위 사람들의 말은 무시한 채, 같이 고생하는 신랑 생각에 옆에서 힘을 보태고 싶어, 신랑을 더 많이 아껴주고 사랑해주었다. 이런 게 진정한 사랑이구나……. 신랑을 위해서라면 대신 죽을 수도 있겠다 싶었다.

그렇게 신혼 때까진 정말 행복하게 지냈다. 그러나 달콤하던 부부관계는 아기를 낳고 나서 변하기 시작했다. 특히 내가 많이 변했다. 나도 인정한다. 나 때문에 신랑이 힘들었을 것이다. 워킹맘에 육아까지 병행하다 보니, 마음의 여유는 있을 수가 없었고, 온전히 아기에게만 모든 신경이 집중되었다. 또한 항상 예민모드여서, 신랑이 조금만 내 신경을 거슬리면 짜증 내기 일쑤였다. 그 때는 신랑은 안중에도 없었고, 내 살을 스치는 것도 소름이 끼치고 싫었다.

옆에서 내게 말 거는 것도 싫었고, 같은 공간에서 숨을 쉬는 것조차 숨이 막혀왔다. 모든 행동이 마음에 들지 않았다. 한마디로 정리를 하자면 정말 꼴도 보기 싫었다. 그러면서 우리의 대화는 점점 줄어들었고, 둘 사이는 냉랭해졌다. 그러다 다투고, 대화로 풀고, 다시 나아졌다가, 다투고 대화로 풀고를 반복했다. 한때 둘의 관계가 극에 달했을 때는 서로 투명인간 취급하며 지내기도 했었다. 그래도 신랑이 대화로 해결하려는 경향이 있어서, 심하게 싸운 일은 손가락에 꼽는 거 같다. 나는 이 시기에 우리 부부도 이렇게까지 틀어질 수가 있구나 하고, 놀라기도 했었다.

지금 돌이켜 생각해보면, 신랑에게 너무나도 고맙고, 미안하다. 이 마음은 항상 나를 쫓아다닌다. 그러나 알면서도 문제의 상황에서는 잘 제어가 안된다는 게 문제다. 큰일로 싸우는 것도 아니다. 여러 가지 조그마한 불만들이 쌓이고 쌓이다가 마침내 폭발하여 싸우게 되는 거다. 그래도 서로 잘 해결하면서 지내고 싶은 마음이 컸는지, 어느 시기가 지나고, 아기가 좀 크니 많이 나아졌다.

서로가 노력한 부분도 있다. 싸우면서 서로 모르던 모습에 적응해서 그런가. 이럴 땐 이렇게 대처해야 서로에게 좋다는 것을 깨닫게 되어, 되도록 싸울 요인을 만들지 않으려고 노력해서이기도 하다.

근데, 진심 어린 사랑? 이것은 모르겠다. 연애 시절과 신혼 때의 풋풋하고, 상대방을 온전히 위하는 사랑은 사라졌다. 지금은 뭔가……. 가족+동료 같은 느낌이랄까? 예전처럼 사랑해주고 싶어도, 그게 잘 안된다.

그러나 노력해야 한다는 걸 안다. 자식보단 부부가 먼저니까! 자식은 커서 내 품을 떠나지만, 신랑은 나와 평생 지낼 동반자이지 않은가. 고작 4년을 알았고, 4년을 함께 살았다. 지금도 모르는 부분이 많고, 무슨 생각을 하고 있는지 모를 때도 많다.

어느 날 결혼에 관한 책을 읽게 되었다. 가슴 깊이 알고 있는 내용이었으나, 책으로 접하니, 우리의 상황을 다시 한번 반성할 수 있었다. 이 계기로 지금까지 우리 일들을 돌이켜 생각해보았다. 내가 실망한 만큼 남편도 실망했을 거란 걸 깨달았다. 솔직히 말하면, 느끼고 있었음에도, 외면했다고 하는 게 맞겠다. 내 처지에서만 주로 생각하기 바빴다. 신랑 입장에서 생각하고 싶지도 않았고, 모른 척하는 게 마음이 편했다. 뒤늦게나마 지난 상황에서의 신랑 입장을 정면으로 응시해보았다.

'이 상황에서는 이랬고, 저 상황에서는 저랬겠구나…….' 라는 게 느껴졌다. 신랑에게 너무 미안해졌다. 그때는 모든 문제의 원인 제공자가 신랑이라고 합리화시키고 있었던 것이다. 내가 화난 이유도 신랑 때문이고, 내가 예민하게 구는 것도 신랑이 만족스럽게 도와주지 못해서라고 말이다.

우리의 상황이 틀어진 근본적인 원인을 생각해보았다. 내 기대가 높았으며, 내가 생각하는 남편의 모습이 보이지 않아서, 더욱 상대에게 화가 났었던 거다. 욕심……. 그래, 욕심이 문제의 시작임을 알 수 있었다.

상대방을 배려하지 않은 욕심으로 인해 내가 원하는 허상에 따라주기를 남편에게 강요했고, 상대방이 바뀌길 계속 요구했다. 그로 인해 짜증과 다툼이 생겨났던 것이다. 그렇다면 어떻게 해야 할까? 일단 욕심과 기대를 버리기로 한다.

고칠 수 없는 부분을 계속 강요하다 보니, 다툼이 일어났던 것이므로, 고칠 수 없는 부분은 내가 참고 견뎌야 함을 알았다. 그 과정이 힘들지만, 노력해야 한다는 것을 깨달았다.

상대방을 바꾸려 하지 말고, 나부터 변해보기로 한다. 나 자신도 변화시키기 힘든데, 상대방을 변화시킨다는 것은 말이 안 된다. 기대를 낮추고, 신랑을 있는 그대로 바라보며, 이해하고 존중해보기로 한다. 이렇게 생각하면서도, 안 지켜질 때도 많지만, 더 나은 부부 관계를 위해서는 노력해야만 한다. 또한 상대방을 있는 그대로 보되, 미워하지 않는 마음을 가질 수 있도록 노력해야 한다. 상대방을 미워하면, 나만 괴로울 뿐이다.

모든 결과는 내가 어떻게 대처하고, 대응하고 생각하느냐에 따라 달라진다. 되도록 긍정적이고 덤덤하게 상대방을 바라보면 마음이 한결 편해짐을 느낄 수 있다. 아무리 상대방이 밉더라도 상대방이 좋아하는 사랑의 표현을 하는 것은 나의 선택이다. 그러한 사랑의 행동은 상대방에게 그대로 돌려받게 된다.

'베푼 대로 돌려받는다'라고 하지 않았던가. 남편에게 대하는 나의 태도는 그대로 내게 돌아온다. 내 선택에 달려있다. 그가 먼저 하기를 기다리기보단 내가 먼저 시도해야 더 빠른 결과를 이뤄낼 수 있을 것이다.

결혼 생활은 지금까지 다른 삶을 살아가던 남녀가 만나 함께 살아가는 과정이다. 서로 죽고 못 살 거 같던 이들이 만나 결혼했더라도 함께 살아가는 데는 또 다른 요소들이 필요하다. 바로 서로 맞추며 지내고자 하는 노력 말이다.

함께 살아가고자 한다면 반드시 이 요소를 갈고 닦아야 한다. 서로를 변화시키려 하지 말고, 포기할 부분은 포기하고, 받아들여야 한다. 결혼 후에 알게 된 상대의 본 모습에 실망하더라도, 빨리 털고 일어나야 한다. 실망한들 어쩔 것인가. 결혼은 이미 했고, 돌이킬 수 없다. 이혼할 것이 아니라면, 그의 모습을 떠안고 평생 살아가야 한다.

그러기 위해선 내가 먼저 노력해야 한다. 우리는 행복하려고 사는 것이다. 불행해질 필요가 없다. 어떻게 생각하고 선택하느냐에 따라, 내게 주어지는 행복과 불행은 달라진다. 그러기 위해서는 상대에게 너무 의지하지 말아야 한다.

결혼했다고 해서 상대에게 기대지 않고 스스로 설 수 있어야 한다. 내가 온전해야 상대에게 기대하는 것이 없고, 기대하는 것이 없기 때문에, 욕심도 안 생겨, 상대를 더 잘 이해하고 바라볼 수 있다.

상대방의 고쳐지지 않는 행동들은 기대하지 말고 포기하라. 아무리 요구해봐야 변하지 않기에, 내가 포기하면 기대하지도 않게 되니, 오히려 마음이 편해진다. 슬프지만, 이게 현실이다. 어려운 부분이지만, 나도 시도해보니, 관계가 나아지는 것을 경험할 수 있었다.

결혼에 관한 책을 읽다가 동상이몽이란 뜻이 궁금해져서, 검색해봤는데, 뜻을 알게 된 순간 많은 생각이 밀려왔다. 동상이몽의 뜻은 '몸은 한곳에 머물러도 마음은 서로 다른 생각을 품고, 다른 곳을 바라보고 있는 것.' 순간 내 마음은 거부반응이 일어났다. 지금까지 남편에게 대했던 부정적인 행동들은 결과적으로 동상이몽의 결과를 불러온다는 것을 알 수 있었다. 마음이 뜨끔했다.

'부부가 저렇게 사는 건 아니야. 저렇게는 안 되도록 노력해야겠다.'고 결심하는 순간이었다. 부부가 서로 다른 생각을 품고, 다른 곳을 바라보다니……. 이건 내가 생각하는 결혼생활이 아니다. 몸만 같은 곳에 머무른다고 부부가 아니다. 부부가 같은 생각을 품고, 손을 맞잡고 한발 한발 걸어 나가는 것이 진정한 부부라고 생각한다.

결혼 4년 차가 되니, 많은 부분을 깨닫는다. 그래서 특히 요즈음 결혼에 관한 책도 읽으며 많은 것을 깨닫고자 노력하는 중이다. 4년간의 연애 시절 동안 서로 배려하고 사랑하고 아껴주며 싸운 적 이라곤 2~3번에 그쳤던 우리 부부도 결혼하고 변하는 것을 보면 사랑한다고 다 되는 것은 아니다.

사랑 이상의 상대에 대한 배려와 포기가 같이 이루어져야 좀 더 나은 결혼생활을 지낼 수 있다고 생각한다. 포기하는 과정이 힘들더라도, 하지 않을 때보다는 평온해지는 나를 만날 수 있을 것이다. 연애와 결혼은 정말 다른 것이다. 연애는 소꿉놀이고, 결혼은 냉정한 현실이라고 비유해도 되겠다. 결혼의 현실을 제대로 받아들여야 행복해질 수 있을 것이다.

지독한 육아의 고충

지독한 육아가 참 버겁다. 내 에너지를 모두 쥐어짜내는 느낌, 나를 점점 잃어버리는 느낌……. 쉬는 시간이 생겨도 마음 편히 쉴 수 없는 괴로움이란 정말 말로 표현하기 힘들다.

워킹맘에서 전업주부가 되면서 극한 육아를 몸소 느끼게 되었다. 나는 육아보단 일하는 게 체질에 맞나 보다. 워킹맘도 힘들지만, 그래도 일할 때는 나 자신을 잠시나마 돌볼 수 있고, 일하다 잠깐 쉴 수도 있고, 일에 따른 뚜렷한 보상도 주어진다.

그러나 육아는 열심히 한다고 뚜렷한 보상이 주어지는 것도 아니고 아이 뒷바라지에 비위 맞춰주고 놀아주고 치우고 밥 먹이고 목욕시키고 쉬는 시간 없이 이것들의 무한 반복이다. 그래서 나는 등원을 시키곤 내 시간을 허투루 보내지 않으려 발악이라도 하듯 쉴 틈 없이 나만의 시간을 보낸다.

졸리면 진한 카푸치노를 만들어 마시거나 세수하거나 집안일을 하며 떨쳐

낸다. 등원과 하원 사이 내게 주어진 1분 1초가 너무 소중하다. 그래서 그 시간은 정신이 없다. 등원시키고 집에 오면 10시쯤 아이가 먹었던 아침밥을 정리하고 거실에 내팽개쳐 있는 이불과 옷 정리를 하고 나도 간단히 아침을 먹고 샤워를 한다.

한숨 돌리며 커피 한 잔을 내리면서 내 시간을 갖는다. 어느덧 점심시간, 점심을 먹고 치운다. 설거지를 한다. 저녁에 먹을 아이의 반찬을 만들고, 청소기로 집 안 구석구석 돌리고 잠깐 바깥일을 보고 오면 어느새 시간은 3시! 하원 시간이 다가오면 등원 후의 홀가분함은 어느새 먼발치서 나를 지켜보고 있다.

그 대신 두려움이라는 녀석이 실실 웃으며 내게 다가온다. 정신을 차리고 다독이며, 남아 있는 40분 동안 목숨 걸듯 독서를 한다. 집중이 안 될 때도 있다. 자꾸 시계를 들여다보고, 아이와의 전쟁을 시작할 생각에 마음이 무거워진다.

뭘 더 바라는 건가……. 불과 한 달 전까지만 해도 한 시간이라도 내 시간이 있었으면 좋겠다고 소망하던 나였지 않은가. 지금은 한 시간이 아니고 무려 6시간을 갖는데, 뭘 더 바라는 거냐며 나를 다그친다.

오늘도 부지런히 내 시간을 즐겼으니, 하원 후 아이와 더 열심히 놀아줘야겠다고 마음을 다지며, 아이를 데리러 향한다. 아이와의 전쟁을 시작하는 폭풍전야의 시간이다. 나의 이성과는 다르게 털썩털썩 걷고 있다. 육아하다 보면 정말 예상치도 못한, 스펙타클한 일들이 넘쳐난다. 나의 한계를 시험하는 무대가 어찌나 많은지 모른다.

한겨울에 자주 있던 일인데, 집에만 있던 아이가 답답하다고, 밖에 나가자고 한다. 내복 바람이라 옷을 입히려 하면, 옷 입기 싫다고, 기본 10분을 실랑이하다 어르고 달래서 간신히 옷을 입힌다.

그 순간 입어준 아이에게 큰절이라도 해주고 싶어진다. 근데 웃긴 건, 막상 옷을 입고 나오면 따뜻하다며 옷을 입고 나온 것을 너무나도 좋아한다는 거다. "옷 입고 나오니까 너무 좋다!"라고 말하는 너란 존재……. 넌 대체 누구냐! 그 순간 어이없는 웃음이 흘러나온다. 육아를 하다 보니, 어느 순간 나에게 매일 묻는 게 있다.

'과연 오늘도 잘 넘어갈 수 있을까?'

'평탄하게 하루를 마무리할 수 있을까?'

'오늘은 또 몇 시간이나 아이와 놀아줘야 할까?'

이런 질문을 할 때마다 아득해지며 괴로워진다. 질문을 안 하려 해도 본능적으로 하게 된다. 생각을 안 하려 해도 본능적으로 생각을 하게 된다. 정신과 체력을 갉아먹는 지독하고 지독한 육아라는 끝나지 않는 무한 반복의 굴레에서 나는 마음을 단단히 잡아야 했다.

이젠 아이가 커서 5살이다. 개월 수로는 38개월이다. 12월생이라 낳고 바로 두 살을 먹었다. 엄연히 따지면 4살이나 마찬가지다. 그 유명한 미운 4살 말이다!

돌 전까진 체력적으로 너무나도 많이 힘들었다. 지금까지 살아온 30년 동안의 일상과는 너무나도 다른 삶을 적응하고 받아들여야 하는데, 쉽지 않았다. 여자의 진정한 인생은 엄마가 되고 나서 시작된다더니……. 이제야 진정한 삶의 무게를 느끼게 되는구나…….

새벽엔 고문을 받는 거처럼, 2~3시간마다 모유를 먹여줘야 하니 마음 편히 잘 수가 없고, 자다가 아이가 울면 정신도 깨지 못한 채로 기계처럼 일어나서 달래줘야 했다.

마음대로 안 되는 일들은 어찌나 많은지 모른다. 밥도 제대로 먹을 수 없고, 샤워도 마음 편히 제시간에 할 수 없고, 대소변도 마음대로 맘 편히 볼 수 없고,

옷도 제대로 입을 수 없다.

웬만해선 아프지 않던 내가 심한 몸살에 걸리기도 했고, 아이를 눕히곤 일어서다가 세상이 하얗게 변하더니, 핑 돌면서 털썩하고 쓰러진 적도 있었다. 건강한 내가 쓰러지다니……. 놀라웠다.

드라마에서나 볼 듯한 쓰러짐을 내가 경험하다니……. 잠깐의 상황이었지만, 다행히 곧 정신을 차렸다. 일어나니 이마는 얼얼하게 아팠고, 잇몸을 누가 주먹으로 한 방 때린 거처럼 물집이 잡혀 쓰라렸다. 쓰러지다 이마와 이빨을 땅에 박았나 보다. 잠깐 아픔을 느껴보지만, 바로 살림과 육아를 시작한다. 그래도 걱정이 되어 동네병원에 갔더니, 일시적인 빈혈 같다고 했다. 다행이라 생각하며, 마음을 놓았다.

내가 제일 힘들었던 상황은 대변을 마음 편히 볼 수 없다는 거였다. 난 변비가 심해서 변의가 오는 타이밍을 놓치면, 변비가 되어 대변 보기가 힘들어진다. 신호는 왔는데 때마침 아기가 운다. 배가 심하게 아플 때는 아이를 안고 대변을 본다. 아이가 불편하다며 몸을 비틀며 심하게 울어댄다. 너무 급할 때는 그런 상황에서도 대변을 보지만, 보통은 아이의 울음소리에 스트레스를 받아서 그런지 나오던 것도 쏙 들어가 버린다. 아이를 안지 않고 대변을 보는 방법도 해봤다.

'그래, 울어라! 난 대변을 볼 테니!' 하며, 변기에 앉는다. 목숨 걸고 쩌렁쩌렁 울어대는 아이의 울음소리에 나도 모르게 조급해진다. 변은 잘 나오지 않고, 점점 스트레스가 되어간다. 오히려 끊고 나오는 경우도 많았다.

그럴 때면 진짜 이렇게까지 하며 살아야 하나 싶었다. 그래서 난 출산 후 변비를 달고 살았다. 치질도 심해져서 통증이 오기 시작했고, 일상생활에도 영향을 주자, 치질 수술도 받았다. 인간의 기본 욕구도 충족되지 못하는 삶이라…

…. 정말 고문 그 자체였다. 두 돌이 지나면서부턴 정신적으로 더 힘들었다.

아이의 고집과 자기 의사가 분명해지니 내 말을 따르지 않고 자기가 원하는 대로 하겠다고 어찌나 고집을 피우며 떼를 쓰는지 나를 시험하는 무대들의 연속이다.

절정의 순간은 30개월~35개월 사이였다. 진짜 미치는지 알았다. 이게 그 유명한 미운 4살이구나 싶었다. 하루하루가 긴장의 연속이었고, 오히려 아이의 눈치를 보고 있었다. 화가 나더라도 뚜껑이 날아가지 않도록, 나를 진정시키며, 아이의 기분을 살펴야 했다.

도를 닦는다는 게 이런 건가 싶었다. 화가 목구멍까지 차올라도, '그래 그래. 참자. 참아야 한다.' 라고 마음을 다잡으며, 나를 진정시키던 게 몇 번인지 셀 수도 없다.

'내가 원래 이렇게도 화가 잘나던 사람이던가?' 모르던 내 모습을 발견한 듯 했다.

주위 환경만 된다면, 목에서 피가 나도록 괴성을 지르고 싶은 심정이었다. 어쩔 땐, 내 화를 주체하지 못하고, 아이에게 소리친 적이 있다. 생각대로 아이는 놀래며 울어댄다. 우니까 달래기가 더 힘들고, 상황만 더 악화될 뿐이었다. 잠깐의 화의 표출로 속은 시원했지만, 악화된 상황으로 인해 더욱 큰 스트레스가 나를 옥죄었다.

20개월 즈음에는 아이의 잘못된 행동으로 훈육을 할 때면, 아이는 기본 20분 이상을 대성통곡하며 울었다. 뭐든 자기 마음에 안 들면 생떼를 피웠고 이유 없는 고집을 부리며 칭얼거렸다. 어쩔 땐 '그래, 얼마나 우나 보자.'하고 두고 보기도 했다. 그랬더니 한 시간을 운다. 웃긴 건 본인도 힘든지, 중간중간 쉬면서, 울더라…….

30개월 즈음부터는 유독 부모와 같이 노는 걸 좋아했다. 체력적으로 너무 힘든 날이면, 아이에게 TV를 보자고 사정을 해봐도 나랑 계속 놀겠다며 거부할 때도 있었다. 만약 부탁하기에 성공한다 한들, TV 시청은 40분을 넘기지 않았다.

40분 정도 지나면, 슬금슬금 움직이기 시작한다. 내 옆에 와서 건들고, 같이 놀자고 노래를 부른다. 체력적으로 버거운데도 일어나야 했고, 몸이 안 좋고, 아픈데도 일어나 놀아줘야만 했다. 또한 숨 막히는 상황들은 언제나 나를 따라다닌다.

하원 후 2~3시간 내내 같이 놀아주고, 아이를 목욕시키고 욕조에서 혼자 놀게 한다. 그동안 나는 전쟁터가 된 집을 초스피드로 정리하기 시작한다. 쌓여 있는 설거지를 하고, 어질러져 있는 장난감도 치운다. 아이가 밥 먹다가 바닥에 흘린 부스러기들을 치우기 위해 청소기를 돌리려 한다. 이렇게 잠깐 정리하려고 하는 상황에서도 제약이 온다. 욕조에서 놀던 아이는 5분 단위로 나를 부른다.

'엄마, 눈에 물 들어갔어~'

'엄마, 오줌 마려워~'

'엄마, 응가 마려워~'

'엄마, 장난감이 구석에 떨어졌어~'

'엄마,저거 좀 줘~'

'엄마~ 엄마~ '

쉼 없이 엄마라고 불러댈 때면, 숨이 막히고 히스테리가 온다. 뭘 그리도 요구하는 게 많은지……. 아이의 요구를 해결하고, 마저 정리하나 싶지만 아이는 욕조에서 다 놀았다고 나갈 거라고 아우성친다. 정말 돌아버리는 순간이다.

너무 숨이 막혀 올 때는 아이의 외침을 무시한 채, '엄마, 설거지 중이야. 이거 마무리하고 갈 테니 기다려.' 라고 딱 잘라서 말하기도 했다. 아이의 외침은 멈추지 않지만, 나는 애써 무시한다.

저번엔 정리할 거 다 하고 조금 늦게 갔더니, 이미 욕조에 볼일을 본 뒤였다. 아이는 내 눈치를 보며 미안하다고 말한다. 그러면서 아이는 '쉬한다고 엄마 불렀는데, 엄마가 안 왔잖아.' 그 순간 내가 더 미안해졌던 상황도 있었다. 그 이후엔 오줌이 마렵다고 하거나, 응가 마렵다고 하면, 하던 일을 중단하고 바로 가게 되었다.

어쩔 땐 놀아줄 만큼 놀아주고, 아이에게 TV를 보여주거나, 욕조에서 놀게 한다. 그사이 나는 전쟁터를 정리한다. 아이는 잘 놀고 있으니 한숨 돌리며, 잠깐 소파에 앉아 쉬려 한다. 엉덩이가 소파에 닿은 지 5분도 안 돼서 아이는 귀신처럼 TV 보다가도 내게 오고, 욕조에서 놀다가도 나를 부르기 시작한다. 이런 일은 다반사인데, 그럴 때마다 기가 막힌 타이밍으로 나를 불러대는 아이를 보면, 기립박수라도 쳐 주고 싶을 정도다. 해도 해도 이런 달인이 없다.

이젠 2가지 이상의 일을 동시에 하는 건 일상이 되었다. 주말에 아이가 놀다 말고, 목욕 놀이를 하고 싶다고 한다. 욕조에 물을 받아주고, 물놀이를 하게 한다. 그 순간 배가 고파진다. 나의 배꼽시계는 정말 정확하여 배고픔을 참지 못한다. 아니나 다를까 시간을 보니 어느새 12시 언저리……. 나는 밥을 차린다. 신랑 것, 내 것, 아이 것. 부산스럽게 밥을 차리는 순간에도 아이는 나를 부른다. 난 또 그 요청에 따라 부엌과 화장실을 왔다 갔다 한다.

밥을 다 차렸다. 너무 배고픈 나머지 혼자 후딱 먹을 생각이다. 한 숟가락 먹으려 하는데, 세탁기에서 '삐삐 삑.'거리며, 섬유유연제 투입 시간임을 알리고, 동시에 아이는 나를 불러댄다. 밥 먹다 말고, 세탁기를 향한다.

눈치가 보인 신랑이 자기가 하겠단다. 다행이다. 아이의 요구를 들어주고 다시 와서 밥을 먹는다. 얼마 지나지 않아 아이가 또 부른다. 갔다 온다. 다시 밥을 먹으려는데, 신랑이 섬유유연제 다 썼다며, 새것 어디 있냐고 물어본다. 못 찾겠단다……. 찾아준다.

다시 와서 밥을 먹으려 한다. 그때 다시 아이가 부른다. 물놀이 다 했고, 자기도 나와서 밥을 먹겠단다……. 내 기분을 알아챈 신랑이 대신 간다. 아이는 아빠가 아니고 엄마가 와야 한다고 고집을 부린다. 순간적으로 이 상황이 숨 막혀 온다. 나는 다시 일어나서 아이에게 물놀이를 마무리시키고, 몸을 닦아주고, 로션을 발라주고, 옷을 입혀준다. 그리고 밥 먹는 걸 도와준다.

동시에 대체 몇 가지 일을 하는 것인지, 내 정신이 탈탈 털리는 기분이다. 기분 좋게 들었던 숟가락은 밥이 입으로 들어가는지 코로 들어가는지도 모르겠다. 그저 배를 채우기 위한 행위일 뿐……. 음식이 무슨 맛인지도 모른 채 배고픔을 달래기 위해 꾸역꾸역 집어넣는 내 모습……. 상황의 숨 막힘으로 체 할 거 같지만, 오기로라도 보란 듯이 먹어댔다. 이런 순간엔 먹는 것도 고역이었다.

어떤 날은 너무 힘들어서 아이에게 TV를 계속 보여준 적이 있었다.

'그래. 오늘은 마음껏 봐라. 제발 잘 때까지 움직이지 말고 봐주라.'란 생각을 하며, 소파에 추욱 늘어진 채로 핸드폰을 만지작거린다. 중간중간 아이가 내게 말도 걸고, 건들지만, 건성건성 응대해준다. 그런 날은 아이가 더욱 칭얼거리고 떼를 썼다.

'아~. 아이가 어려도 엄마가 무심하게 반응한다는 것을 느끼는구나. 그래서 불안하고 불만스러워서 짜증과 떼를 더 부리는 거구나.'

같은 상황이 여러 번 반복되다 보니 어느 순간 깨닫게 되었다. 그 후로는 아이를 방관한 채 쉴 때면, 휴식 뒤에 따라오는 아이의 지독한 짜증을 받아내야 한다는 걸 알기에, 아이의 짜증을 온몸으로 받을 바엔, 찰나의 휴식을 포기하고, 아이에게 집중하는 게 나았다.

신랑이 나를 도와준다고, 아이랑 놀 때도 있다. 나는 고맙다고 하며, 침대에 누워 쉰다. 그러나 10분도 안 됐는데 "엄마는 뭐할까?" "우리 엄마 놀라게 해 주러 가자." 면서 부녀는 내게 온다.

아이가 엄마에게 오면, 엄마와도 놀고 싶어 한다는 걸 생각을 못 하는지, 도와주겠다고 말한 신랑이 얄미워졌다. 이런 일은 셀 수도 없었다. 어쩔 땐 일부러 저러나 싶어 신랑이 매우 미웠다. 신랑에게 제발 이런 행동은 하지 말아 달라고 여러 번 짜증을 냈지만, 크게 변하는 건 없었다.

내게 온 아이는 "엄마, 같이 놀자." 라고 몇 번이나 외치는지 모른다. 말해도 끄덕하지 않고 누워 있으면, 자기 몸을 던지며 내 위에 올라타곤 말타기를 하며, 일어나를 수도 없이 외친다. 정말 미칠 거 같은 순간이다. 내가 언급한 몇 가지 상황에서도 알 수 있듯이, 나란 존재는 없어졌고, 포기해야 된다. 정말 숨이 막히는 지독하고 지독한 육아의 현실…….

당신도 경험해봤다면, 분명 알 것이다. 만약 경험하기 전이라면, 부디 마음을 굳세게 다잡길 바란다. 아마 나보다 더 힘든 분들도 있을 테지만, 평균적인 고충의 정도는 이 정도는 된다는 걸 알길 바란다. 벗어날 수 없는 육아라는 여정에 놓여 있는데 어떻게 할 것인가. 해결책은 없다. 그저 아이가 클 때까지 기다리고 기다릴 뿐, 그러나 자식 농사는 평생 이어진다는 슬픈 현실!

그래도 혼자서는 못 하는 일이 많아 온전히 내게 의존해야 하는 영유아기 시절의 끝은 있다고 믿으며, 하루하루를 버티며 살아갈 수밖에는 없다.

내가 낳은 아이니까 내가 책임을 져야지 별 수 있나. 아이가 세상에 나오고 싫어 나왔나. 부모가 낳아서 나온 거지…….

위안이 될진 모르겠지만 육아는 동전의 양면처럼, 극과 극으로, 천국과 지옥을 골고루 선사한다. 내가 힘들거나 아파할 때면 아이는 엄마 도와준다고 청소랑 설거지도 같이 해주고, 피곤하다고 하면 열심히 안마도 해주고, 아프지 말라며 담요와 베개를 가져와서 누워있으라고 챙겨주거나 힘들다고 하면 내 앞에 와서 힘내라고 노래를 불러주는 순수한 모습들을 볼 때면, 따스한 햇살이 비추는 천국이 따로 없다.

지옥 같을 때도 많지만, 그만큼 천국과 같은 상황들도 주어지니, 그 힘으로, 버티게 되는 것일지도 모르겠다. 분명 지독한 육아의 끝은 온다. 그 끝을 생각하면, 너무나도 아득하지만 분명 오기에 오늘도 무사히 하루를 보내길 기도한다.

난 왜 사는 거지?
행복이란 건 뭐고, 성공이란 건 뭐야?

나는 7년 동안 삶의 의미와 행복, 성공이 무엇인지에 대한 질문을 수도 없이 했다. 질문이 너무 심오하다 보니, 심각한 질문을 하는 내가 오히려 부담스럽게 느껴 져서, 상대방에게 터 놓고 이야기해본 적이 없다.

아! 신랑에겐 한두 번 정도는 해봤었다. 그러나 명확한 답을 주진 못했다. 그렇게 풀리지 않는 질문을 떠안으며, 혼자 끙끙 앓아갔다. 사는 이유란, 살아 숨쉬고 있으니, 그냥 살아갈 뿐……. 반복된 일상은 재미없고 지루하기만 했다. 답도 찾지 못하고 질문만 해대며 사는 동안, 나는 결혼도 하고 30대가 되었다. 빚을 내서 집을 샀고, 얼마 후엔 임신도 했다. 집을 사면서부턴 신랑이 빚 갚는 재미로 살아보라고 했다. 빚이 점점 줄어드는 것을 지켜보면 뿌듯하니까 살맛이 날것이라고 말이다.

'그래~ 해보지 뭐~'

처음엔 빚이 점점 갚아지는 것을 보니, 힘도 나고 재미도 있었다. 부부가 알뜰살뜰히 한푼 두푼 빚을 갚아가는 과정이 뿌듯했고, 더 열심히 살아야겠다는 원동력을 충전시켜주었다. 빚이란 나중엔 내 수중에 들어 올 돈! 빚이라고 생각하지 않고, 우리 가정의 더 나은 미래를 위한 투자라고 생각하니, 삶에 대한 원동력이 고속충전 되었다.

'그래~ 인생 뭐 별거 있어~?! 다들 이렇게 살아가~'

라고 내게 위안을 주며, 현실에 집중하며 살아갔다. 그러나 그런 생각도, 시간이 지나면 지날수록 사라져갔다. 내가 애써 노력해야만 생각할 수 있는 가식으로 변했다. 그래서 그다음으론 나를 위해 운동을 해보기로 한다. 싱글일 때 운동을 하던 게 생각이 난다. 운동하면 기분 좋게 땀이 흘러내린다. 그럴 때면 내 몸 안의 불순물과 스트레스가 같이 흘러 내보내지는 것만 같았었다. 그 느낌을 다시 느껴보고 싶어졌다.

고된 육아와 살림, 직장의 지독한 굴레에서 돈과 시간을 들여 나를 위한 운동을 한다는 건 생각할 수도 없었다.

'저녁도 퇴근하며 간신히 먹는데 운동이라고? 웃기지도 마! 어떻게 해! 가당키나 해?!'

그래도 내가 행복해진다면, 힘들더라도 한 번은 시도해봐도 좋겠다는 간절함이 생겼다. 나를 위해 운동 시간을 내고, 돈을 들인다는 건, 현실적으로 불가능하기에, 돈 들이지 않고 집에서 할 수 있는 간단한 운동을 해보기로 했다.

인터넷으로 검색하다 '하루 10분 순환 운동'이란 걸 알게 되었다. 영상을 보니, 짧은 시간에 운동한다는 게 매력적으로 다가와 시도해봤다.

하루 10분 운동을 하되, 평소보다 한 시간 일찍 일어나서 하는 것을 목표로 정했다. 내가 봐도 웃겼다. 10분이라……. 더 많이 할애해도 모자랄 판에 10분이 뭐냐며 반신반의하는 마음도 들었다.

그렇지만 현실적인 한계를 생각하니, 나를 위해 1분이든, 5분이든 10분이든 운동시간을 낼 수 있다는 것만으로도 감지덕지라고 여기게 되었다. 운동으로 마음이 뿌듯해지고 행복감이 피어나길 기대했다. 그래, 일단 10분으로 시작해 보자! 근데 하다 보니, 보기보다 힘들다. 땀도 제법 난다. 땀이 빠져나가는 것이 너무나도 반갑다. 얼룩으로 찌든 자신을 조금이라도 흘려보내는 거 같은 기분에 몸도 마음도 개운해지면서 뿌듯했다.

하루 10분 운동을 하는 것만으로도 자신감, 뿌듯함, 삶에 대한 의욕이 충전되어 다행이었다. 짧게라도 운동을 한날에는 대체로 컨디션도 좋았고, 자신감도 생겨 하루를 더욱 활기차게 시작할 수 있었다. 그러나 그 이상의 의미는 느낄 수 없었다.

내게 심오하게 해대는 질문의 답을 얻진 못했지만, 이렇게나마 행복감을 느낄 수 있다면, 더할 나위 없이 충분하다고 생각하며, 일찍 일어나 운동하는 시간을 점차 늘려나갔다.

운동 전후에 스트레칭하는 시간도 추가하고, 근력 운동도 해본다. 그러나 슬프게도 마음대로 안 되는 게 현실! 나 자신과 아이라는 잠재적인 방해꾼은 나를 항상 응시하며 기회를 엿보고 있었다. 난 그들을 이겨내기엔 의지가 약했다. 마음먹고 애써 일찍 일어나 운동을 하려고 할 때면 아이가 평소보다 일찍 일어날 때가 종종 있었다. 그럴 때면 운동하다 말고 아이에게 가야 했고, 운동을 시작조차 못 할 때도 있었다. 그런 날이 점점 늘어나면서 마음에 구멍이 생겼고, 내 의지는 조금씩 빠져나갔다. 너무 피곤하면, 일어나는 것을 포기했고, 점점 포근하고 부드러운 이불을 선택하는 날이 많아져 갔다. 그럴 때마다 자기합리화를 해대기 바빴다.

'어차피 아이가 깨나면 못 할 거야~ 괜찮아. 하다 중단하거나 시작도 못 할 텐데 오늘은 그냥 자자.'

그렇게 몇 달을 시도하며 얻었던 작지만 엄연한 나의 행복감은 사그라들고 있었다. 희미하게나마 남아 있던 의지는 끝내 흔적도 없이 사라지고 말았다.

그 후엔 독서가 인생을 바꿔줄 것이라는 내용의 여러 책 광고와 인터뷰를 읽으며, 독서로 행복해지는 나를 만나길 바라며 시도한다. 그땐 책 읽는 방법을 몰라 무작정 소설과 추리 소설 위주로 많이도 읽었다.

소설을 읽으며 현실에서 벗어나 소설 속에 빠져 잠시나마 현실에서 도피할 수 있는 나만의 아지트를 찾게 되었다. 거기에 숨어 있고만 싶었다. 소설을 읽다 보면 시간이 어느새 저만치 흘러가 있는 것도 너무 좋았고 걱정, 불안, 삶의 의미를 물어대는 질문들이 내게 다가오지 못하도록 막아 주는 것도 너무 좋았다.

내게 던져진 질문들을 잊을 수 있다는 게 너무 좋아 이대로 아무 질문도 하지 않은 채, 소설 속 세계에 빠져 살아가고 싶었다. 소설에 빠지다 보니, 일상생활을 하면서도 이야기가 어떻게 전개될지 궁금해서 견딜 수가 없었다. 일을 내팽개치고 당장에라도 읽고 싶다는 강한 욕구가 생겨나기도 했다. 한 권의 소설과 추리소설을 다 읽고 나면, 집착적으로 다음 책들을 검색했다.

어떤 책이 몰입감 있게 읽힐까를 비교해보며 선택했다. 한 권의 책을 완독하고, 다음 책으로 넘어가는 찰나의 순간에 잠들어 있던 질문들은 문득문득 고개를 들어 나를 지켜보았다.

나는 초조해하며 그 질문을 잊기 위해, 다시 열심히 소설 속으로 빠져들었다. 참고로 나는 '아가사 크리스티'의 추리소설을 굉장히 좋아한다. 추리소설로 몰입할 수 있게 해준 그녀가 너무나도 고맙다. 소설을 접하다 보면, 종종 교훈을 얻기도 했다. 얻은 교훈을 내 삶에 대입해보려 할 때면, 마음속에 파묻혀 있던 질문들이 조롱하며 내게 다가왔다. 그럴수록 질문의 갈증은 심해졌다. 어느 순간 소설이란 도피처도 위태로워졌다. 현실을 외면한 채 소설 속으로 도망치며 살고자 하는 내가 점점 한심하고 싫어졌다.

그때부턴 행복에 관한 책들을 찾아보기 시작했다. 자기계발서와 행복에 관한 처세술이라든지, 인생, 인간관계, 성공 등등의 철학적인 내용이 담겨 있는 책들을 읽었다. 내게 양서가 되는 책들도 있었지만, 내 인생의 한 권은 찾을 수 없었고, 시원스레 질문에 답을 해주는 책을 만나지도 못했다. 유명작가들의 책들은 베스트셀러였지만, 그중 어려운 내용으로 이루어진 책들은 내겐 와 닿지도 않았고, 알고 있는 뻔한 내용도 많았다. 어떤 책은 왜 베스트셀러가 됐는지 의구심이 들기도 했다. 그렇게 베스트셀러에는 점점 손이 가지 않게 되었다.

어떤 책을 읽어야 할지 점차 갈피를 잡을 수 없어 막막해졌다. 책을 읽을 때는 좋은데, 다음 책을 골라야 할 때면 곤욕스러웠다. 어찌 어찌해서 한 권의 책을 골라 완독해도, 다음 읽을 책을 고민하는 순간이 되면, 독서의 흐름은 깨졌고, 독서가 조금씩 부담스럽고, 스트레스로 다가오기 시작했다.

'마음의 양식이라 불리는 독서로도 허한 마음을 채울 수 없단 말인가……. 독서도 별거 아니구나. 읽어서 남는 게 없는 거였어……. 나한테는 맞지 않나 봐.' 라고 생각하며. 점차 멀리하게 되었다.

지금 와서 생각해보니, 그때의 난 내 질문의 답을 조급하게 구하고자 하는 마음이 강해서, 진심으로 책에 마음의 문을 열고 읽지 않았던 거 같다. 그로 인해 책들에서 주는 교훈과 울림들을 소화시키지 못했던 것이다. 책은 내게 정성껏 손을 내밀어 악수하려 하는데, 나는 건성으로 악수를 했던 것이다. 그렇게 독서와도 멀어졌다. 그 이후엔 더욱 갈피를 잡지 못하게 된 내게서 벗어나고자 핸드폰 게임도 하고, 웹툰도 열심히 읽었다.

나의 잡념들을 잠시나마 떨쳐버릴 수 있음에 감사했다. 그런 생활을 하면서도 마음속에선 내게 계속 질문을 해댔지만, 애써 외면한다. 답을 얻는 걸 포기하고 싶었지만, 아이러니하게도 차마 그것만은 하고 싶지 않았다. 난 그렇게 질문을 떠안은 채 변화 없이 똑같이 살아갔다.

마음 깊숙한 곳에 박힌 뿌리가 없으니, 모든 것이 부질없는 방법일 뿐이었다. 이젠 더는 무엇을 해야 할지도 갈피를 못 잡게 되었다. 인터넷을 검색해봐도, 마땅히 와 닿는 게 없었다.

영혼 없이 핸드폰을 보며 이 기사, 저 기사 눌러보고, 더는 볼 것도 없는 핸드폰을 계속 만지작거리며, 시간을 때우는 날이 늘어갔다. 깊숙이 박힐 뿌리를 무엇으로 채워야 살 만한 세상으로 변화되는 것일까? 수도 없이 질문해보지만, 답은 주어지지 않았다. 점점 질문에 대한 내 행동은 집착이 되어갔다.

너무 애가 탔다. 그 답들이 무엇일지……. 삶의 의미가 있어야 내가 내 의지로 숨을 쉬며 살아갈 텐데……. 일반적인 삶의 목표가 아닌 나만의 진정한 삶의 목표는 뭘까? 행복이란 뭘까? 성공이란 뭘까? 여느 사람들이 생각하는 거처럼, 성공과 행복이란 거창하게 큰 사건들의 결과로 손에 쥐어지는 것인 건가?

큰 사업에 성공한다거나 로또에 당첨된다거나 보란 듯한 직업을 갖거나 떼돈을 벌 거나, 크나큰 명성과 명예를 얻는 결과들만이 진정한 행복을 불러오는 것일까?

TV 속 연예인이 행복해 보이고, 굵직한 기업 회장님들이 행복해 보이고, 남편 잘 만나 SNS에 행복한 모습들을 올리는 연예인이나 지인들이 행복해 보이기만 했다. 성공해야만 진정한 행복을 거머쥘 수 있다는 생각이 굳어져 갔다. 나는 어떻게 성공을 해야 할까? 좀 더 나은 직업을 가지면, 그만큼 행복해질 수 있을까?

나는 한때 간호사를 꿈꿨었다. 무대 영상디자이너에서 간호조무사로 전업을 하면서, 간호사들과 가까워질 수 있었다. 그들이 너무 멋져 보였다. 간호사의 어두운 그늘은 생각도 안 하고, 그저 간호사라는 타이틀이 멋져 보였다. 저 타이틀을 얻으면 다시 성공한 삶을 살며, 행복해질 것만 같았다. 주위 사람들에게도 디자이너 하다 간호사가 되었다고 하면, 존경 어린 눈빛으로 바라봐줄 거 같았다. 나도 그랬으니 말이다.

내가 알던 간호사분들 중에는 다른 전공이었다가, 간호사로 전업하신 분들이 계셨는데 그분들이 너무 멋져 보였고, 성공한 분들 같았다. 많은 부를 얻고, 엄청난 명예를 얻는 것은 아니었지만, 그때 나의 울타리 안에서는 그 타이틀을 가진 것만큼 성공적인 삶이 없는 듯했다. 현재의 삶에서 최대한 행복을 거머쥘 방법과 돌파구는 그것밖에 없다고 생각했다.

여러분들 중에도, 나와 같이 멋진 직업을 가지면 성공했고, 행복해질 거라 생각하는 사람들이 꽤 있을 것이다. 우리나라 사람들은 멋진 간판을 원한다. 변호사, 의사, 판사, 검사……. 사자 돌림의 직업을 가지면, 성공과 행복은 알아서 따라온다고 생각하는 사람들이 많다. 나도 이제껏 이런 생각을 가지고 살았으니 말이다.

성공한 그들이 한없이 부럽지만, 나와는 다른 세계에 사는 사람들이다. 이룰 수 없는 꿈일 뿐……. 성공으로 인한 행복한 삶을 평생 맛보지 못한다는 생각이 드니, 내 삶이 먹먹하고 처량해진다.

우리들은 성공한 삶을 살고 싶다는 욕망을 항상 가지고 있다. 그러나 빠듯한 현실에 치이다 보면, 삶의 한계에 부딪히게 된다. 성공적인 삶을 생각하는 것은 시간 낭비이며 사치일 뿐……. 앞에 맞닥뜨린 현실을 살아가기도 바빠 죽겠는데, 성공은 뭐고, 행복은 또 뭔가? 성공적인 삶. 그럼으로써 따라오는 행복과 삶의 의미들……. 성공해야만 얻을 수 있는 요소들……. 평범한 우리들은 일상에 쫓겨 쉴 틈 없이 쳇바퀴 돌 듯 똑같은 삶을 살아간다. 나 또한 숨 막히는 일상과 육아, 살림을 쳇바퀴 돌 듯 똑같이 살아간다.

'남들도 다 이러고 살아~ 사니까 그냥 사는 거지 뭐~ 인생 뭐 있냐?'

이렇게 말하는 주위 사람들이 많아져 갔다. 우리는 평생 성공과 행복, 삶의 의미에 관한 질문들의 답을 구하지 못한 채, 아무 의미 없이 그저 살아가야만 하는 걸까?

나는 믿었다. 분명 답은 어딘가에 꼭꼭 숨어 있고, 돌파구는 있다고. 아직 그걸 찾지 못했을 뿐이라고 말이다. 비록 찾지 못했더라도 포기하지 않는다면, 언젠가는 알아낼 수 있다는 믿음을 버리지 않았다. 기나긴 방황의 시간을 보냈을지라도, 그 과정에서 나만의 시행착오를 겪으며, 드디어 답의 흔적을 찾게 되었다. 7년이라는 시간이 소요되었지만 말이다.

그래도 기나긴 방황으로 인한 고민의 과정이 있었기에, 늦게나마 돌파구의 힌트를 찾을 수 있었다고 생각한다. 방황하는 동안 내가 책에 마음을 열고, 책도 내게 손을 내민 타이밍이 다행히도 찾아왔던 것이다. 예전엔 독서가 스트레스이고 시간 낭비일 뿐이었는데, 어느 순간 내게 희망을 주는 수단으로 바뀌었다.

그래서 난 책으로 많은 것을 배우며, 마음속에 담아 두고 있다. 내가 깨달은 내용들은 제3장 '삶의 의미와 행복의 답안지를 찾다.'에 정리해 놓았다. 거기에서 내가 찾아낸 답들을 여러분과 공유한다.

나이 무감각

과장이라고 할진 모르겠지만, 나는 30대가 되면서부터 나이를 자꾸 까먹는다. 고작 34년을 살았을 뿐인데 말이다. 오버한다며 언짢게 생각하시는 분들이 있을지도 모르겠다.

근데 정말이다. 특히 출산하고 육아에 치이게 되면서부터 내 나이가 너무 헷갈린다. 31살 땐, 배스킨라빈스 31을 생각하며 기억했고, 32살 땐, 신랑이 나보다 한 살 어리니, 신랑 나이를 배스킨라빈스 31로 생각하며 기억했다. 33살 땐, 똑같은 3이 두 개가 들어간다고 기억을 했고, 34살 땐, 신랑이 33이라 기억하며, 내 나이를 기억해냈다. 오버가 아니다. 정말 이러고 있다. 나만 이러는 건가? 그래서 나이 들어 치매가 찾아오는 건 아닐까 하고 걱정이 앞서기도 한다.

근데 주위에 나와 나잇대가 비슷한 애 엄마들과 이야기하면 나와 같이 나이가 기억이 안 난다고 하는 분들이 꽤 있었다. 그래서 나중에 치매 걸리는 거 아니냐며, 서로 걱정어린 소리를 장난스레 하며 공감과 격려를 해주었다. 먼일처럼 장난스레 치매 이야기를 왈가왈부했지만, 지금까지 나의 정황들을 살펴보면, 걱정이 안 될 수가 없다.

나이 들어서 가장 최고의 선물은 어디 아프지 않고 사는 것이라고 어르신들이 그랬다. 몸이 아픈 것도 염려되지만, 치매가 더 걱정된다. 제발 치매는 걸리지 않기를 기도한다. 나이 들어서도 머리를 많이 쓴다면 치매는 예방될까? 난 2018년이 되고, 얼마 지나지 않은 내 생일 날 34살의 생일을 축하한다는 지인의 말에야, 비로소 '아, 맞다……. 나, 34이지……. 아직 33살로 알고 있었어.' 라며 우스꽝스러운 말을 한 적이 있었다.

대체 왜! 나이는 점점 무감각해지는 걸까? 어제와 다르지 않은 똑같은 일상을 지속하며 살아서일까? 나이 들면서 신경 써야 하는 일들이 늘어나면서일까? 아직까진 그 이유를 명확하게는 모르겠다. 만약 나중에 읽는 책에서 이와 관련한 내용으로 답을 알려준다면 정말 감사할 거 같다. 여전히 풀리지 않는 의문이기 때문에, 책에서 시원한 답을 찾았으면 좋겠다.

근데 한 가지는 조금 알 거 같다. 나이 있는 분들이 통성명할 때, 왜 연도로 말하는지 말이다. "나 1958년생입니다." "55년 양띠예요." 이런 식으로 말이다.

나이 있는 분들도 나이가 헷갈리니, 이렇게 이야기하는 것이거나, 직설적으로 나이를 말하고 싶지 않아서가 아닐까? 내가 생각하는 게 맞는진 모르겠지만, 아무리 생각해 봐도 이런 이유 말고는 딱히 다른 이유는 생각 못 하겠다.

근데 정확한 건, 나이는 한 살 한 살 먹어도 마음만은 풋풋하다는 거다. 내 마음은 아직도 낭랑 18세이다. 그저 놀고 싶고, 즐기고 싶다. 한 살 한 살 먹으면서 삶의 태클들이 들어와, 마음대로 펼칠 수 없다는 게 문제지만, 마음만은 풋풋한 10대다.

고1 때, 마음의 성장이 멈춘 듯 나이만 먹어가는 거 같다. 어르신들도 마음만은 낭랑 18세라고 하지 않던가. 분명 나뿐만이 아닌 다른 이들도 같다는 것일 테지……. 이걸 알게 되니, 이대로 마음은 낭랑 18세인 채로 나이만 들어갈 거라는 걸 깨달았다. 그래도 마음만은 낭랑 18세로 있다는 게 어딘가. 마음마저 같이 늙어 버린다면, 정말 슬프지 않을까?

마음이 젊으니, 요새 나이 드신 분들은 더욱 젊게 사신다. 나보다 아이돌 노래를 더 잘 아시는 분도 계시고, 자유롭게 여행을 즐기기도 하고, 20대 못지않은 몸매를 유지하기도 하고, 젊고 세련되게 옷을 차려입는 분들도 계신다.

요샌 60대여도, 60대로 안 보이는 분들이 점점 많아지는 거 같다. 점점 젊게 살고자 하는 풍토가 생긴 듯하다. '60대까진 청춘', '인생은 60대부터'라는 말도 있지 않은가. 이런 분위기를 보면 나이가 무감각해지고 나이가 점점 많아진다 해도 슬프진 않다.

내가 젊게 살고자 하면, 그만큼 젊게 살아갈 수 있는 시대이기 때문이다. 마음이 젊으니, 그에 맞는 열정과 의욕이라는 친구가 동반자가 된다면, 한 살 한 살 먹어도 계속해서 젊게 살아갈 수 있을 것이다.

우리 시대엔 나이와 상관없이 젊게 살고자 하는 사람들이 지금보다도 더 많아질 것이다. 얼마나 다행인가. 그래서 나도 나이가 들더라도 젊게 살 것이다. 하고 싶은 것도 도전하고, 배움도 유지한 채 나를 위해 투자하며 살 것이다.

60대가 되면 아이들도 어느 정도 다 컸을 테고, 경제적인 부분도 지금보단 여유롭지 않을까? 경제적인 부분이 여유롭지 못하더라도, 내게 투자할 수 있는 시간이란 보물이 있기에, 나를 돌보며 지낼 수 있을 것이다.

우리 부모님은 55년, 56년생으로 60대의 중반을 달리고 계신다. 부모님의 일상을 보면, 너무나도 바쁘다.

첫째 출산을 하고 제주도에서 몸조리했을 때, 너무나도 바쁘게 사는 부모님을 보고 젊은 사람보다도 바쁘게 산다고 생각한 적이 있다. 두 분 모두 평일이고, 주말이고 각종 모임과 경조사를 다니셨고, 주기적으로 친구들과 여행도 다니셨다. 웬 만한 일 아니면 운동도 거르지 않고 꾸준히 하셨다. 예전에 엄청난 바람이 불고, 비가 막 쏟아질 거 같은 날이었는데도, 운동하러 나가는 부모님을 보며, 감탄하기도 했다.

아빠는 주말이면 친구들끼리 오름을 다니신다. 오름을 다니면 모든 스트레스가 풀리니, 피곤해도 안 갈 수가 없으며, 오히려 갔다 와야 피곤이 풀린다고 했다. 엄마는 감귤 아가씨 출신으로 정말 미인이시다. 그래서 젊었을 때부터 멋을 제법 부릴 줄 알고 자기 자신을 잘 가꾸며 사신다. 지금도 열심히 자기 자신을 관리하며 지내시는데 존경스럽다.

나도 엄마처럼 나를 잘 관리하며 멋지게 늙어가고 싶다. 또한, 엄마는 제주대학교 여성대학도 다니셨다. 그게 뭐냐고 물어봤더니, 여성 대상의 평생 교육기관이란다. 중년 여성들을 대상으로 수강을 하는 프로그램이 있어서, 신청하여 수료했다고 했다. 나를 위해 투자하고, 가꾸며 자기 자신들을 돌보는 부모님이 나의 롤모델이다. 나도 부모님처럼 늙어가고 싶다. 나이 들었다고 우울해하지 않고, 그 순간은 나에게 투자하며 부지런히 살아갈 것이다.

이렇게 생각하니, 나이가 든다는 게 무섭진 않다. 오히려 멋지게 늙어가는 내가 궁금해진다. 나이가 몇인지가 무슨 대수랴. 나이는 숫자에 불과하다! 하고 싶은 거 하며 살기도 바쁜데, 남의 시선은 신경 쓰지 말고, 즐겁게 살자. 마음만은 낭랑 18세인 채로 말이다.

그때가 되면 행복할거야

현재의 나는 행복하지 않다. 그래서 미래의 나는 행복하기를 소망한다. 미래가 지금과 크게 다르지 않을 거란 걸 알지만, 그래도 조금은 나아질 거라 믿고 싶다. 현재의 나는 육아와 살림에 허덕인다. 현재의 삶에 불만과 불평, 억울함이 쌓여 불행하다.

어떤 행복의 조건을 추구하다 보니 충족되지 않는 현실과의 괴리 사이에서 결핍이 생기며, 슬픔과 불만을 표출하게 되는지도 모른다. 내가 행복했을 때의 상황들을 정리해보면 자유로운 시간, 나를 위한 투자, 풍족한 경제활동이 만족스럽게 이루어졌을 때, 행복감을 느꼈다.

현재의 나는 만족스럽도록 해당하는 게 없다. 자유로운 시간이란 워킹맘 시절에는 생각할 수도 없는 그림의 떡이었다. 전업주부인 지금에야 그나마 가질 수 있게 되었다. 아이를 등원시키고 정리 안 된 집안일을 하고 씻고, 점심을 먹으면, 오전 시간은 지나고 하원 시간이 어느덧 가까워져 오지만, 2~3시간이라도 온전한 내 시간이 주어진다.

그런데 사람 마음이란 게 정말 간사하다. 1시간이라도 내 시간이 있었으면 좋겠다고 바랬던 게 불과 얼마 전인데 막상 이루어지니 더욱 많은 시간이 있었으면 하고 바라게 되는 것이다. 역시 욕심이란 끝이 없는 건가 보다.

나를 위한 투자란 워킹맘 시절에는 맞벌이였기에 그나마 여윳돈이 생겨, 중간중간 자신에게 선물하며 나를 격려하고 다독이는 시간이 있었다. 그러나 전업주부인 지금은 외벌이 이기에 한 달 벌어 한 달 살기도 빠듯하다. 빠듯한 돈으로 빚 갚고 생활비 하고 아이에게 쓰기도 벅차다. 무언 갈 먹고 싶고, 사고 싶어도, 자제하게 된다. 이 상황에서 내게 투자할 돈이란 있을 수 없다.

정말 돈 쓰는 게 양심에 찔린다. 뭐 하나 사려 해도 머뭇거려지고, 정말 필요한 것인지 고민하다 보면 돈이 아까워져서 안 사게 된다. 둘째 임신을 하고 입덧이 끝난 무렵, 칼국수나 짜장면이 그렇게 먹고 싶어 눈앞에서 계속 아른거린 적이 있었다. 주말까지 기다리기 힘드니, 혼자서라도 동네 칼국수 식당이나 짜장면 집에 가서 먹겠다고 생각해보지만, 혼자 힘들게 고생하며 돈을 버는 신랑 생각에 참았었다.

신랑한테 그 얘기를 했더니, "먹고 싶으면 먹어 괜찮아." 라고는 했지만, 왠지 쓰기가 미안해서 참게 된다. 자유로운 시간, 나를 위한 투자, 풍족한 경제 활동들의 결핍으로 인해, 이상과 현실의 괴리를 실감하며, 내 삶이 처량하고 불행하고 불만스러워서 불평이라도 하며, 버티고 있는 것일지도 모른다.

나 자신도 잃어버린 채, 영혼 없이 살아가야 하는지, 이렇게 나를 희생해야만 하는 건지……. 그래도 다행히 내겐 소박하게나마 미래의 희망이 있다. 아이들이 다 크면, 빚을 다 갚으면 행복해질 거라 믿으며, 미래의 삶에 기대를 걸고 있다.

아이들이 다 크고, 나를 전적으로 의존하지 않는 순간이 오면, 더는 나를 옭아매지 않을 테고, 나를 위한 시간도 생길 것이다. 무엇보다 자유로움을 만끽할 수 있다는 생각에 가슴이 벅차오른다. 또한 빚을 다 갚아 원금과 이자를 내는 일도 끝나고, 진정한 내 집을 갖게 되면, 더 많은 돈을 모으고, 여유로운 여가생활도 즐길 수 있을 거라 생각하니, 가슴이 뛴다.

과연 언제면 그날이 올까? 어서 그날이 왔으면 좋겠다. 그러나 아직은 아주 멀고도 먼 이야기일 뿐……. 아마 최소 10년은 걸릴 것이다. 10년 동안 지긋지긋하고, 재미없고, 기력 없는 암울한 삶을 똑같이 살아가야 한다고 생각하니 가슴이 답답하고 쓰라리다.

언제면 10년이란 시간이 지나, 10년 후의 내게로 갈 수 있는 걸까? 그 시간이 광활한 우주처럼 너무나도 멀게 느껴진다. 10년 후면 내 나이 44이다. 헉……. 4가 두 개나 들어간다. 불길한 수다. 그렇지만 그게 뭐 대수랴~

어릴 적엔 4나 6으로만 이루어진 숫자가 나랑 관련되면, 매우 불길하고 불안했다. 지금도 기분 좋게 하루를 보내다가 문득 시계를 볼 때, 4시 44분인 경우가 있다. 그 순간 재수 없다는 생각이 들지만, 한 살 두 살 먹다 보니, 그게 무슨 의미가 있나 싶어진다. 현실의 내 삶이 더 불안하고 불길한데, 4시 44분이 나랑 무슨 상관이란 말인가. 내가 기대하는 10년 후가 44살이지만, 두 개의 4로 이루어진 숫자는 내게 더는 불길함을 주지 못한다.

그저 10년 후의 내가 기대되고, 기다려진다. 근데 한편으론 솔직히 나이 드는 것이 두렵긴 하다. 중년이 되어가는 내 모습이 슬플 것만 같다. 탱탱하던 얼굴이 점점 탄력을 잃어 주름도 더 많이 생길 테고, 뱃살도 나이 들면서 더 늘어날 테고, 기미도 점점 생길 것이고, 얼굴의 화색은 립스틱을 바르지 않는 한은 아파 보일 것이다. 지금도 없던 기미, 주름이 생긴 것을 발견하면 언짢은데, 점점 더 생기는 나를 마주하게 되면 애처로울 것만 같다.

점차 노화되어가는 내 모습이 두렵긴 하지만, 그래도 지금보단 행복한 미래의 내가 기다리고 있을 것만 같아 설렌다. 빚도 빚이지만, 지독한 육아의 끝은 지나 있을 거기에, 그거 하나로도 나는 매우 흥분된다. 언젠가는 끝이 있다는 믿음으로 지금을 그나마 버티고 있다.

우리는 현재의 행복은 알지 못한 채 과거나 미래의 행복을 그리워하기도 기대하기도 한다. 과거가 있어 현재의 내가 있고, 현재의 나로 인해 미래가 만들어진다는 걸 알고 있으면서도 외면한 채 현재의 나는 보지 못하고 더 행복한 미래의 나를 갈망하며 살아간다.

근데 생각해보면, 미래는 언젠가 현재가 되며, 과거가 된다. 현재를 소중히 대하지 못하는 나는 미래만을 바라보다, 미래가 현재가 되고, 과거가 되어가는 것을 보게 될 것이다. 미래였던 것은 마찬가지로 현재가 되어 내팽개쳐진다. 이것의 반복이다.

우리는 항상 더 행복한 미래를 기대한다. 초등학교 땐, 중학생이 되어 교복을 입기만 하면 더욱 행복해질 것만 같았고, 고등학교 땐 졸업만 하면 대학의 로망으로 벅찬 하루하루가 기다리고 있을 것만 같았고, 대학교를 졸업하면, 20대의 방황을 지나 안정적으로 자리 잡은 30대가 기다리고 있을 거라 생각했다.

30대의 나는 10년 후 육아와 빚이 끝나 있는 미래의 나를 기다리고 있다. 근데 돌이켜보면, 우리는 행복한 미래를 위해 어떤 노력을 했을까? 대학생이 되어 내가 상상하던 로망이란 없다는 걸 깨닫고 실망한다. 그래도 행복한 미래는 기다리고 있을 거라고 갈망할 때, 그 순간 우리는 행복한 미래를 위해 무언가를 했을까?

졸업 후 크나큰 현실을 몸소 느끼게 되었을 때, 20대는 원래 방황의 시기라며 합리화시키고, 30대가 되면 자연스레 안정적으로 자리 잡고 어엿한 어른이 되어 행복을 느끼며 살아갈 것이라고, 기대만 하지 않았는가?

행복을 향해 절실히 노력한 과정들이 있는가? 노력을 기울여도 단기간 하다 중단되진 않았나? 안타깝게도, 나처럼 행복한 미래만 갈망한 채 제자리에 그대로 서 있던 사람들이 많을 것이다. 행복을 얻기 위해, 시도하지 않았기에, 고대하던 미래도, 현재가 되면 변화 없이 불행하고 똑같기만 할 뿐이다.

그럼 드라마나 영화의 해피엔딩처럼 언젠간 행복은 내게 다가올 거라는 꿈을 꾸게 되겠지. 나 역시 20대 후반부터 더 행복한 미래의 나를 갈망했다. 시간이 흐르고 현재의 내가 생각하던 미래가 왔음에도, 나는 제자리에 그대로 불행과 손잡고 있다. 아무런 변화가 없는 것이다. 행복을 갈망만 할 뿐, 변화를 일구는 아무런 노력도 간절히 하지 않았으니까…….

현재는 과거의 축적물이다. 과거에 내가 있기에 지금의 내가 있는 것이다. 과거의 행복함도 있었지만, 방황과 좌절도 겪었기에, 지금의 내가 있는 것이다. 그 과정에서 좀 더 행복을 향한 노력을 시도했다면, 더 행복한 현재를 보내고 있을 것이다.

만약 과거가 너무나도 불행해서, 돌아가고 싶지 않은 시간이었다고 해도, 그 과정이 있어 지금의 내가 그나마 있는 것이다. 과거의 경험들은 분명 앞으로 인생을 살아가는데 영양분이 될 것이다. 지금 살아가고 있는 이 순간도, 과거가 되어 차곡차곡 내 삶에 쌓이게 될 것이다. 좀 더 행복한 미래를 원한다면, 지금 이 순간의 행복을 느낄 수 있어야 한다. 행복이라는 영양분으로 채워진 현재는 과거의 행복 영양분과 합쳐져, 나를 더욱 튼튼히 지탱해줄 것이고, 튼튼하고 건실해진 현재는 찬란하게 빛나는 미래를 향해 더욱 힘차게 도약할 수 있게 해줄 것이다.

이 과정들은 분명 어려울 것이다. 머리는 이해해도, 마음이 뜻대로 움직이질 않을 것이다. 이게 문제다. 그렇지만 조금씩이나마 이 순간의 행복을 느낄 수 있도록 시도는 해봐야 한다. 미미한 시도들이 쌓이다 보면 습관이 될 것이다. 좀 더 행복한 미래를 만나기 위해서는 갈망만 하지 말고 작은 행동이라도 시도해 나가보자.

지금 이 순간을 살며, 행복을 느껴보자. 나의 평범한 일상이 어느 한순간 할 수 없게 되고, 잡히지 않을 꿈이 되었을 때라야, 뒤늦게 일상 자체가 소중하고 행복한 것임을 깨닫지 않았으면 좋겠다.

평범한 일상이지만 소중히 여기자. 또한 어떤 사건의 결과로 행복해질 거라거나, 지금은 열심히 돈 벌고, 나중에 행복하게 살면 돼지란 생각은 무리수다. 본인이 생각한 나중에 행복하게 살면 돼지란 시점이 왔을 때, 그때 정말 행복이 뒤따라올까?

슬픈 말일지 모르지만, 행복은 멀리 떠나버리고, 황량한 삶의 언덕에 서 있는 나를 만나게 될지도 모른다. 물질적이고 외부적인 만족을 충족시켰더라도, 그 과정에서 내게 다가왔던 행복들을 미처 깨닫지 못하고, 놓쳐버렸다는 걸 뒤늦게 알아차릴 것이다.

나의 상황을 대입해 상상해보자. 빚을 갚기에 급급해 지금 이 순간 내게 다가오는 소소한 행복을 모른 채 무조건 앞을 향해 달리다가 빚을 청산하는 시점이 왔다. 그렇다고 행복함이 지속될까? 분명 그 순간은 너무나도 행복할 것이다. 그러나 어느 순간 행복에 대한 갈증은 생겨나겠지…….

목표를 달성했으니, 더는 내게 행복을 전해줄 피니시 라인이 사라진 것이다.

일상에서 주는 행복이 바로 옆에 있음에도 깨닫지 못하고, 큰 결과로 이루어진 행복만을 행복으로 여길 테니, 또 다른 목표를 정할 것이다.

또 다른 물질적이고 외부적인 목표를 설정하고, 마무리해야만 잠시나마 행복이 뒤따르는 삶을 반복적으로 살아갈 것이다. 이처럼 진정한 행복이 무언지도 모른 채 빚을 갚았다는 결과로만 이루어진 행복은 일시적이었다가 금방 사그라들 것이다.

괴롭고 지독한 육아가 끝나 아이가 나에게 의존하지 않은 시기만을 바라보는 것도 마찬가지다. 육아의 과정이 괴롭기만 하여, 끝나는 시기만을 목 빠져라 기다린다면, 순간순간 아이가 내게 전해주는 행복을 온전히 느끼지 못할 것이다. '등잔 밑이 어둡다.'는 속담처럼 그 시기에 아이만이 주는 사랑스러움과 아이와 나 사이에서 형성되는 행복을 뒤늦게 깨닫게 되는 경우가 주위에 꽤 있다.

'그때 아이와 더 많은 시간을 보낼걸.' '아이를 더 사랑해줄걸.' '그땐 왜 괴롭기만 했을까…….'

이렇게 후회가 스멀스멀 다가올 것이다. 인생 선배들도 이와 같은 경험을 마찬가지로 했는지, 내가 그들에게 육아의 고충을 하소연하면, 이런 말을 자주 해준다.

"힘들지만 어릴 때 아이가 이쁜 짓 하는 것 잘 즐겨. 그때가 아니면 더 해달라고 해도 안 해줘. 아이가 커서야 후회하지 말고, 힘들더라도 아이랑 많은 시간 보내고 아이의 사랑스러운 모습을 눈에 잘 담아둬. 그게 평생 너의 보물이 될 거야."

그렇다. 다 큰 후에 지난 아이의 모습을 그리워하며, 그때 아이와 더 좋은 추억을 만들 걸, 잘해줄 걸 이라고 후회한들 어쩔 것인가. 이처럼 그때가 되면, 지금보단 행복해져 있을 거라고 믿기만 하는 것은 무리수다. 우린 행복한 미래를 위해 이 순간을 소중히 여기며, 지금의 행복을 잡아야 한다. 또한, 지금 이 순간의 나를 다잡으며, 마음을 풍성하고 풍요롭게 만들어 나가야 한다. 미래의 내가 행복할지 불행할지는 지금 하는 노력에 따라 결정이 될 것이다.

현재 내게 다가오는 행복들을 느낄 수 있도록 작은 무언가라도 시도하는 노력이 쌓이다 보면, 미래가 어떤 상황이더라도 행복은 내 마음속에 항상 있을 것이다. 행복이 점점 쌓일수록, 힘겨운 삶을 지탱해주는 든든한 버팀목이 되어 줄 것이다.

나 또한 노력 중이다. 과거만 그리워하지도 행복한 미래만을 갈망하지도 않으려 한다. 행복한 미래를 위해 현재를 헛되이 보내지 않도록 독서와 글쓰기를 하며, 일상의 행복을 깨달으며 나를 다잡아 가고 있다.

독서와 글쓰기라는 자그마한 노력과 시도로 인해 주위에 숨어있던 행복을 발견할 수 있었다. 그럴수록 감사하고 마음이 평온해지면서 행복해지는 것을 느꼈다. 이건 시작에 불과하다. 앞으로도 꾸준히 마음을 다잡으며 더욱 행복한 나를 향해 나아갈 것이다.

예측할 수 없는 변수,
생각지도 못한 전업주부가 되다

세상에는 정말 많은 변수가 있다. 난 그중에서도 출산하고 나서 생각지도 못한 변수들을 여러 차례 만나기 시작했다.

우리는 최근 부천으로 이사를 했다. 그로 인해, 아이도 새로운 어린이집으로 옮겼다. 오늘은 그 어린이집 졸업식이다. 우리 아이는 5살이므로, 4세 반에서 5세 반으로 올라간다. 사실 우리 아이는 부천으로 이사 오기 전, 인천 가정 어린이집을 생후 6개월부터 31개월까지 다녔다. 그리고 32개월 차에 그 어린이집에서 더는 봐주기 힘들겠다는 원장님의 말을 들어야 했던 아이다.

인천에 살고, 부부 모두 서울로 출퇴근을 했기에 종일반에 시간 연장 반까지 해서 아침 7시 반에 등원해서 저녁 7시 반에 하원하였다. 그 가정 어린이집은 만족스럽고 좋았다. 근데 아이가 23개월이 되고 윗반으로 올라갈 때, 갓난아기 때부터 맡아주셨던 담임선생님이 그만두시고, 새로운 선생님이 맡게 된다고 했다. 그때부터였다. 아이가 어린이집 생활을 힘들어하기 시작한 것은……

새로운 담임선생님과의 생활을 한 달 정도 하고 있던, 2017년 4월에 어린이집 원장님이 상담 요청을 해왔다. 아이가 어린이집 생활을 힘들어한다는 것이다. 집에서는 어떠냐고 물으셨다. 집에서도 고집을 부릴 때도 있긴 하지만, 그렇게 힘들다고는 생각되진 않는다고 말했다. 담임선생님이 바뀌고 한 달밖에 지나지 않았으니, 점점 나아질 거라 믿으며 지켜보자고 하셨다. 그 후로 한두 번 정도 원장님께서 아이가 우는 모습, 힘들게 했던 상황들을 문자로 알려주셨다. 그런 일들로 인해 나는 점점 걱정되었고 신경이 쓰이기 시작했다. 그로 인해 상담도 몇 번 더 했고, 하원 시 선생님에게 오늘 아이의 상태에 대해 매일매일 물어봤다. 근데 다들 이 시기는 원래 그러니 괜찮다고, 오늘 잘 놀았다고 말씀해주셨다.

그러다 7월이던가? 원장님이 아침부터 소변볼 때 고집부리며 울어대는 아이의 모습을 영상으로 찍어 보내주셨고, 다른 아이들 교육 진행에도 영향이 있었음을 알려주셨다. 그 순간 뭐라고 표현할 길이 없었다. 정말 억장이 무너지고, 마음이 터질 거 같았다. 집에서는 잘 달래면, 괜찮아지는데, 왜 이러는 건지……

일하는 도중 원장님과 연락을 주고받았다. 근데 괜찮아졌단다. 아침에 손에 상처 난 부위 때문에 고집부렸던 거 같다고 걱정하지 말라고 하셨다. 뭐지……. 뭔가 찜찜했다.

그 일이 있곤, 담임선생님과 직접 상담하기로 날짜를 잡았다. 막상 상담하니, 담임선생님도 괜찮다고 하셨다. 지금 아이 개월 수로 보면, 원래 그럴 시기라고, 그렇게 힘들지 않다고…….

근데 원장님이 말하는 거랑 담임선생님이 말하는 거랑 다른 거 같다고, 어떻게 생각하시냐고 물었더니, 아니라고 자기는 그렇게 생각 안 하고 심각하지 않으니, 믿으며 지켜봐 달라고 하시는 거다.

'뭐지……'

결론 없이 같은 말만 되풀이되는 상담이었다. 집과 어린이집에서의 일괄적인 훈육, 부모와 많은 시간……. 뻔한 내용이었다. 그렇게 담임선생님과의 상담은 끝났다. 나는 담임선생님의 말대로, 괜찮나 보다 하고, 마음을 좀 놓기로 한다. 그렇지만 신경이 쓰이는 건 어쩔 수 없었다.

그리곤……. 2~3주 후? 일이 일찍 끝나는 날이라 아이를 데리고 키즈카페에 갈 생각으로, 두 발 가볍게 어린이집으로 향했다. 어린이집에 도착하니 원장님이 급작스럽게 상담을 요청하셨다. 생각지도 못한 내용이었다.

아이가 너무 힘들게 한다고, 심하게 울 때는 옆집, 윗집, 경비실에서 항의 전화가 온다고……. 다른 아이들 교육에 차질이 생길 때도 있단다. 자기도 원장 생활 10년 만에 우리 아이 같은 경우는 처음 본다는 거다……. 뒤통수를 한대 세게 후려 맞는 거 같았다.

'뭐지……. 이건……'

나는 말했다. 4월 원장님과 상담한 후 여러 차례 아이 상태를 물었고, 2주 전엔 담임선생님과도 상담했지만, 다들 괜찮다고 했는데, 이제 와서 다른 말씀을 하시면 어떡하냐고 대꾸했다. 원장님은 말했다. 아마 담임선생님이 오신지 얼마 안 돼서, 자기 반 아이들이 다 이뻐 보인 거 같단다.

'뭐?!'

그럼 그동안 원장님이라도 왜 언급을 강하게 해주시진 않았냐고 물었다. 부모님께 걱정 끼쳐드리지 않도록, 자기네도 해볼 만큼 해보고 말씀드리려고 했단다…….

부모란 사람이 아이 일을 정확히 알고 있어야 하는 거 아닌가! 원장님께 너무나도 실망할 수밖에 없었다. 장장 25개월 동안 우리 부부 사정에 따라 배려해주시며 응해주셨고, 좋은 선물도 주시고, 좋은 말도 해주신 원장님이 이런 모습으로 나오시다니……. 나도 모르게 눈물이 나오려 했다.

말로 표현이 안 될 정도로 허망했다. 우리 가족 더 잘 살기 위해, 아등바등 일 다녔고, 퇴근 후엔 부랴부랴 하원 시키러, 지하철 타는 동안 김밥 한 줄을 우걱우걱 집어넣으며 저녁을 때웠던 날들이 주마등처럼 스쳐 지나갔다.

'내가 지금까지 대체 뭘 한 거지…….'

원장님은 어린이집 환경을 새로운 곳으로 바꾸는 게 좋을 거 같다고 하셨다. 아이의 상태에 대해서도 심리상담센터에 데리고 가보라고도 하셨다. 결론은 새로운 어린이집에 가라는 것이었다……. 큰 충격을 받으며 나를 진정시키지 못한 채로 상담은 끝났다. 답이 안 나왔다. 이 말을 들으니, 어린이집에 계속 보낼 수도 없고, 더는 할 말도 없었다. 아이와 키즈카페에 놀러 가기로 약속했던 터라, 하원 시킨 후 키즈카페로 향했다.

아이는 신나게 3시간을 놀았다. 그 모습을 지켜보는 나는 마음이 너무 아팠다. 그것도 모르고, 그 힘든 시간 아이를 어린이집으로 떠밀어 보냈구나……. 아이가 너무나도 힘들었을 거란 생각에 너무 미안했다. 내 앞에선, 저렇게 밝고, 착한 딸이건만……. 그 동안 등원 시 아이가 어린이집에 가지 않으려고 울고불고 한걸 등한시한 나를 한없이 책망했다. 그날 저녁 우리 부부는 늦게까지 의논을 했다. 다행히 신랑이 회사 일정을 조정할 수 있어서 상담한 다음날부터 어린이집에 보내지 않기로 했다.

그리고 며칠 후 어린이집 방학이라 그 사이 우리 부부는 생각을 정리했다. 아이 생각을 하니 답은 바로 내려졌다. 방학 끝나고, 다른 어린이집으로 옮기는 동안에도 우린 그 어린이집에 보내지 않기로 한다. 너무나도 크게 실망한 어린이집에 보내고 싶은 마음은 추호도 없었다.

생각할수록 괘씸하고 기분이 나빴다. 그동안 아이에게 어떻게 대했을지 생각하면 온몸이 떨렸다. 그 후에 신랑이 아이 물건을 가지러 어린이집에 방문해서 원장님에게 상담요청을 했고, 50분을 이야기했단다. 원장님은 똑같은 말을 되풀이하셨고 죄송하다고만 했단다. 그리고 더 웃긴 건! 어린이집을 바로 옮기라는 뉘앙스로 말한 게 아니었다. 여러 가지 방법이 있으니, 참고하시기 바란다는 말이었단다.

'뭐?!'

신랑은 장장 50분의 상담을 끝내고, 내게 이 내용을 어이없어하며 이야기를 해줬다. 그동안 아이와 어린이집에서 있었던 일을 다 말하곤, 다른 아이들에게도 영향이 크게 가니 자기네는 더 봐주기 힘들겠다고 말한 건! 하루라도 빨리 어린이집에서 퇴소했으면 좋겠다는 의미가 담겨 있는 거 아닌가?! 그런 마음 상태에서 선생님이 아이를 진심으로 곱게 대해줄까?

그 말을 듣고 보내고 싶어 하는 부모가 누가 있으랴? 우리 부부가 예민하게 받아들이는 건가?! 그렇게 말한 의도가 아니었다니, 더 화가 치밀고 어이가 없었다. 불 난 집에 부채질하는 격으로 너무나도 화가 났다.

그래도 그동안 아침 일찍부터 늦게까지 맡아주셨고, 우리 상황을 배려해주신 원장님은 직접 아침 7~7시 반에 나와 등원을 받아주신 게 생각이 나서 정말 간신히 참았다. 다행히 어머니가 한 달 일을 쉴 수 있다기에, 8월 한 달은 어머니가 아이를 돌봐 주셨다.

나는 8월 한 달 대체자를 구하고, 인계할 때까지 다니기로 했고, 9월부터 일을 그만두게 되었다. 생각지도 못한 전업주부가 되는 순간이다. 다행히도, 이사를 해야 할 시기이기도 하여, 집도 알아보고, 이사하는데, 도움이 되기도 했다.

8월 한 달 어머니가 아이를 돌보시면서 너무 잘 논다고, 힘들게 하지 않았다고 하셨다. 어린이집에서 그렇게 말한 게 상상이 안 간다고 하셨다. 그래도 혹시 모르니 아동 심리센터도 알아보려 했지만, 내 눈엔 너무나도 상태가 좋은 아이를 보니, 굳이 갈 필요가 없다는 걸 우리 부부가 그리고 어머니가 느꼈다.

그렇게 9월부터~11월까지 나와 아이와의 둘만의 시간이 펼쳐졌다. 그리곤 부천으로 이사 후 12월에 새로운 어린이집으로 등원하기 시작했다. 등원 전에 원장님과 이야기하는 날, 아이의 상황들을 간단히 정리해서 말씀드렸다. 걱정하지 말라고, 아이를 진심으로 응원하겠다고 하셨다. 그렇게 걱정과 불안으로 시작된 두 번째 어린이집 생활…….

대략 한 달 정도 적응 기간을 가졌다. 1주는 수업 전, 30분 정도 나랑 같이 교실에서 놀다가 나와 같이 하원을 했고, 다음 1주는 수업 전, 30분 정도 나랑 같이 놀다가 나 혼자 오고, 한 시간 뒤에 아이를 하원 시켰고, 다음 1주는 아이 혼자서 점심시간 전까지 생활하다 하원했다. 다음 1주의 3일 정도는 아이 혼자서 점심까지 먹고, 낮잠 시간 전에 하원했다. 남은 이틀은 3시 반까지 생활하였다.

다시 어린이집을 다니게 된 첫 하루 이틀은 안 가겠다고 바닥에 누워 대성통곡하며 발악했지만 그 이후론 별 탈 없이 등원하였다. 우리 가족은 아이가 적응할 때까진 어린이집이라는 용어를 쓰지 않고 아이 앞에선 놀이방이란 말을 썼다.

어린이집에 대해 안 좋은 기억이 있는 아이에게 놀이방이란 용어를 쓰며, 어린이집과 놀이방이 다른 곳임을 인지시켜 적응하는 데 도움을 주고 싶었다. 다행히도 아이는 어린이집에 안 가겠다고 더는 발악하지 않았다. 하원 시 엔 담임선생님과 인사하며, "또 놀러 올게."라는 말을 달고 살았다.

하원 후 엔 항상 흥이 나 있고, 기분도 최고다. 새 어린이집을 다니곤 더욱 쾌

활해졌다. 어린이집 생활에 너무나도 적응을 잘했음을 나의 온몸이 느낄 수 있었다. 그리곤 어느덧 윗반으로 올라가는 날이 다가왔고, 오늘은 졸업식이다. 어제 2학기 행동발달 평가지를 받았는데, 너무나도 좋은 평가내용으로 나는 기분이 너무 좋았다. 신랑도 어머니도 기뻐했다. 한편으론, 윗반으로 올라가 새로운 담임선생님과 잘 지낼 수 있을지 걱정도 앞서지만, 현재 어린이집에서 너무나도 재미있게 지내고 있기에 아이를 믿기로 한다.

감사히도 아이가 새로운 어린이집에 완벽히 적응할 수 있었던 건, 아이와 잘 맞는 담임선생님을 만나게 되어서겠지. 안타깝게도 맡아주셨던 담임선생님은 그만두신다고 했다. 너무 고맙고 아쉬워서 눈물이 나는 걸 간신히 참았다. 오늘 4세 반을 졸업하기에 담임선생님께 감사의 편지와 선물을 드렸다.

다시 한번 정말 다행이다. 아이와 잘 맞는 담임선생님을 만날 수 있어서……. 이번 아이의 일로 우리 가족은 많은 것을 느꼈다. 아이가 최우선이라는 걸. 아무리 돈을 열심히 벌고, 아등바등 살아도, 아이가 안 좋게 되거나 아프면 모두 부질없음을……. 아이로 인해 변수도 많고, 내 생활이 좌지우지된다는 것도……. 아이에게 문제가 생기니 일할 때도, 밥 먹을 때도 아이 생각에 기력 없는 하루하루를 보내지 않았던가. 아이로 인해 가족 모두가 힘들어 하지 않았던가.

이번 일로 '가족의 행복은 아이에게서 출발한다.'는 중요한 교훈을 얻은 것으로 생각하기로 했다. 이렇게 생각지도 못하게 나의 전업주부 생활은 시작되었다. 다행인 건, 전업주부가 된 얼마 후에 둘째 임신을 바로 하게 되었다.

이렇게도 쉽게 임신이 될지는 예상하지 못했다. 30대가 되고 엄마가 되고 나서는, 생각지도 못했던 변수들이 여기저기서 일어나기 시작한다. 내 뜻과는 상관없이 말이다. 아마 당신들도 이미 경험하고 있을지도 모르겠다. 본인이 원하지 않은 상황이더라도, 힘을 내길 진심으로 기도한다.

현재의 나에게

안녕? 요새 많이 힘들지? 힘든데 옆에서 더 힘들어해서 미안해. 이러면 안 되는데 하면서도 마음이 잘 따라주질 않았어. 그동안 내가 누구인지도 모른 채 살아가는 게 너무나도 슬퍼서 우울의 강에서 허우적대기 바빴지. 결코, 마음을 다잡을 수가 없었어.

'난 과연 누굴까? 왜 사는 거지?'라는 질문을 무수히 던져보아도 돌아오는 건 메아리뿐이었어. 앞이 캄캄했지. 어디로 가야 하는지도 몰랐고, 어떻게 한발을 내디뎌야 할지 감이 오지도 않았어. 제일 중요한 건 용기가 나지도 않았으며, 용기를 내야 한다는 생각조차 하지 못했다는 거야. 그저 제자리에 있는 것이 가장 안전하다고 생각이 될 뿐이었어.

현실의 매서운 바람이 무서워 더욱더 꼭꼭 숨어버렸지. 끝내는 누구도 다가오지 못하도록 울타리를 쳐버렸어. 근데 웃긴 건, 이렇게는 주저앉으면 안 될 거 같아. 좁은 울타리 안에서 괴롭더라도 나름대로 답을 찾아보려 아등바등했다는 거야.

웃기지 않아? 몸은 안 따라주는데, 마음속 어딘가 깊숙한 곳에선 희미하게나마 이렇게 살면 안 된다며 웅얼웅얼하고 있었다는 거고, 무작정 삶을 놓고 싶지 않다는 아주 미미한 의지가 남아 있었다는 거잖아.

근데 그럴수록 더 힘들어졌어. 아닌 걸 알면서도 우울의 강에서 벗어날 수 없었거든. 아닌 걸 알면서도 하고 있을 때의 괴로움 알지?

나를 지지해주는 사람들이 주위에 있음에도, 나의 오롯한 아픔을 드러내기 무서웠어. 상대방에게 내 상처를 들춰낸 적이 몇 번 있었는데, 더욱 우울해진 적이 있었기에 더 그런 거 같아. 그 이후부터는 혼자 끙끙 앓고 있는 게 오히려 마음이 편했지.

내 문제로 앞에서나 뒤에서 왈가왈부하는 것도 싫었고, 진짜 내 모습을 드러내는 건 더더욱 싫었지. 그렇지만 다행히 늦지 않은 시기에 책이 내게 손을 내밀어 주었어. 내 상처를 오롯이 오픈해도, 왈가왈부하지 않고, 눈치도 볼 필요가 없었지. 너무나도 편하게 대해주며 진심 어린 공감과 위로와 격려, 배움을 주는 거야.

책을 만난 게 얼마나 다행인지 몰라. 뻔하게 들릴지도 모르지만, 책에서 많은 이들을 만날 수 있었어. 나보다 힘든 사람들을 대면할 때면, 내 아픔은 아픔 축에도 들지 못한다는 걸 깨닫게 되었지.

나는 너무 부끄러웠어. 더 힘든 사람들 앞에서 어리광 피우는 것도 아니고, 뭐 하는 짓인가 하며 반성하게 되었어. 그때부터 먼발치서 내 문제를 볼 수 있었는데, 생명을 위협하는 문제도 아닌데 그동안 나약하게 주저앉아버린 내가 너무 한심해 보이기 시작했지.

다시 나를 찬찬히 돌아보기 시작했어. 그로 인한 한 발짝이 내겐 다른 세상으로의 방향을 제시해주었지.

책을 읽으며 알게 되었어. 나와 같은 문제와 아픔을 가진 이들이 너무나도 많다는 것을……. 나 혼자만 힘들다고 생각했던 게 부끄러워졌지. 다른 이들도 똑같이 하는 아픔들이야. 어떤 이는 아픔을 이겨내고, 어떤 이는 주저앉아 인생을 포기하지. 난 절대로 후자가 되고 싶지 않았어. 처량하게 주저앉아 평생을 살고 싶지 않다는 생각이 강하게 왔고, 내 안에서 웅얼웅얼 말하던 목소리가 점점 자기 목소리를 내기 시작하는 거야.

상처라는 건 참 상대적인 거 같아. 상대가 많이 아파하는 상처가 내겐 큰 아픔이 아닐 수도 있고, 내가 느끼는 큰 상처가 다른 이에겐 별 거 아닌 거처럼 느껴지기도 하잖아. 이게 다 살아온 여정, 주위 환경에 의해 가장 중요하게 생각하는 기준이 달라서, 좌지우지되는 거 같아.

그런 걸 보면, 내가 살아온 인생이 엄청나게 굴곡진 여정도 아니었는데, 왜 그렇게 힘들어 했나 싶더라고. 조금만 더 힘을 내서 일어나면 오랫동안 방황은 하지 않았을 텐데 라는 후회가 밀려왔어. 지금까지 나는 나대로 큰 아픔을 등에 업고, 안간힘을 쓰며 살았다고 생각했는데, 나보다 더욱 큰 아픔을 짊어지고 살아가는 이들이 있었으니 말이야.

참 웃기지 않아? 내 아픔이 세상에서 제일 큰 아픔인 거처럼 살아왔던 시간이 말이야. 남들의 크나큰 아픔을 알지 못했다면 과연 이런 생각을 할 수 있었을까. 이걸 깨닫는데, 7년이란 시간이 걸렸어. 나보다 더 오랜 시간 고민하고 아파하는 사람들도 있을 거야. 내게 있어 7년은 너무나도 긴 시간이었지만, 어쩌겠어. 이미 지나간 시간인걸……. 붙잡고 싶어도 잡을 수 없는 시간이기에, 더는 미련 갖지 않고, 앞으로 내게 펼쳐질 시간에 올인하자고 약속했어.

오히려 아픔을 겪었으니, 그만큼의 배움을 얻게 된 게 아닌가 싶어. 아픔과 마주하며 살아가던 7년이란 기간이 매우 힘들었지만 후회하지 않기로 했어. 덕분에 좋은 배움을 얻었다고 생각할래.

그 순간 이런 생각이 들었어. 세상이 내게 큰 좌절과 절망, 아픔을 내려준 것은 그것들을 이겨내어 더 큰 사람으로 성장하라는 과제라고 말이야. 그 과제들 앞에서 주저앉지 않아야, 더 나은 사람이 될 수 있다는 것을 알게 된 거지.

나는 변할 거야. 점점 강인해질 거야. 힘들 때마다 주저앉아 울지 않을 거야. 내가 강인해질수록 더 큰 아픔이 다가와도 이겨낼 수 있지 않겠어? 앞으로 살 날도 많은데 점점 큰 아픔으로 나를 시험하려 들지 않겠냐고! 난 그 시험에 통과할 거야! 만약 통과하지 못해도! 노력해서 뛰어넘어보겠어!

난 나를 믿어 볼 거야! 내 아픔도, 나도, 내 삶도 모두 있는 그대로 받아들이며, 이제 한 발을 내디딘 나를 정말 응원해주고 싶어.

넌 할 수 있어! 상처와 아픔들을 툴툴 털어내고 나만의 길을 찾아내 보겠어! 걱정하지도 마! 걱정은 한다고 해결되지 않아! 걱정은 부질 없는 거야! 지금까지 걱정한다고 해결된 게 있었니? 그러니 걱정하지 말고, 일단 해 보는 거야! 자신이라는 든든한 동료가 옆에 항상 있잖아. 너 자신을 믿어봐! 더 나은 인생을 살아가고자 어려운 한 발을 내딛은 너를 진심으로 응원한다!

제3장
어느 날 만난 독서의 세계

나의 마음을 울리는 책을 만나다

난 항상 어떤 책을 읽어야 할지 가닥을 잡지 못하고 방황하며 이 책, 저 책, 아무 책이나 일단 고르고, 어느 정도 읽다가 내가 원하던 책이 아니면 바로 덮었다. 사막의 오아시스를 찾는 것처럼 내 마음을 울려 줄 책을 집착적으로 찾고 또 찾으며 방황했었다. 도대체 공허한 마음에 빛을 줄 수 있는 책은 대체 어떤 책일까? 과연 있기나 한 걸까? 그렇게 잡히지 않는 꿈을 찾는 거처럼 집착적으로 책 검색을 하는 행동을 몇 년 동안 지속했다.

그러다 2017년 11월 15일, 우연히 한 권의 책을 만나게 되었다. 핸드폰을 보다, 네이버 메인에 '6년째 하루 한 권, 책 삼키는 讀한 여자'란 제목의 기사가 보였다. 저자가 자신의 책을 들고 환하게 웃으며 점프하는 사진이 내 눈에 들어왔다. 영혼 없이 클릭해서 기사를 읽어본다. '흠……. 한번 읽어볼까?!' 라는 생각이 끝나기 무섭게, 교보문고 Sam을 통해 〈일일일책〉을 다운로드 받아 읽기 시작했다. 어느 순간 몰입하며, 읽고 있는 나를 발견했다. 읽는 문장 하나하나가 내 마음을 흔들었다. 어찌나 공감되는 부분이 그렇게도 많은지, 소름 끼치도록 나를 읽어내는 작가님의 글은 드디어 오아시스를 찾았다는 흥분으로 진정되지 않았다. 내 마음 깊숙한 상처까지도, 내 문제에 대한 답도, 그 모든 걸 제시하는 책을 만나 나는 정말 몸 둘 바를 몰랐다.

결혼하고 주부로서의 삶에서 나라는 존재는 잊혀졌고 냉혹한 현실에 이리저리 힘없이 쓸려가기만 했다. 행복을 추구하면서도, 행복은 저 멀리 도망가는 꿈이라 여기며, 무기력하게 시간을 보냈다. 삶의 방향도 목적도 모른 채……. 그저 살고 있으니, 살았다. 그런 내가 이 책을 읽으니, 마음 깊숙한 곳에서 무언가가 뜨겁게 불타올랐다. 난 고1 때 꿈을 발견했다. 그 꿈을 향해 20대 중반까지 살다가 꿈에 도달하고 나선 꿈과 현실의 괴리 사이에서 오는 회의감으로 꿈의 여정을 마무리한다. 그때부터 다음의 꿈은 무엇으로 정해야 할지 갈피를 잡지 못했다. 그래서 20대 중반부터 무엇을 목표로 살아야 할지 매일 고민했다. 명확한 꿈이 있을 땐 목표에 도달하기 위해 하루하루를 즐겁게 살았다. 그러나 명확한 꿈이 사라지니 삶 자체가 허망하고, 공허하고, 허무해졌다. 그럴수록 목표를 향해 달렸을 때의 희열과 열정이 너무나도 그리워졌다.

마치 큰 성공을 거두고 정상에 있던 사람이 실패하여 밑바닥으로 떨어지는 느낌과 흡사할지도 모르겠다. 나는 그런대로 누구나 멋지게 보는 직업을 가지며 찬란한 20대를 보냈다. 30대가 되어서는 너무나도 평범한 직업과 일상들로 살아가는 내가 너무 싫었다. 사는 게 하나도 재미있지 않았다. 어떤 즐거움으로 살아야 할지, 중간중간 책을 읽으며 이겨내려고 노력했었다.

결혼하고 아기 낳고 나서는 아이를 건강하게 키우고, 행복한 가정을 이루는 걸 목표로 삼아보자고 다짐하며, 살아봤지만……. 나만을 위한 진정한 꿈이 없으니, 똑같이 허망하고 항상 가슴 한쪽이 저리고 아려왔다.

그렇게 집착적인 책 검색은 시작됐던 것 같다. 그런 상황에서 책 한 권이 7년 동안 발버둥 치던 나의 기나긴 방황의 종지부를 찍는다. 이렇게도 쉽게 해결이 되다니……. 놀라우면서도 허무했다. 그만큼 책의 힘이 대단하다는 것을 너무나도 절절히 느끼는 순간이었다.

책이란 글로만 이루어져 있는 물건인데 그 글들을 읽으며 나의 영혼이 반응한다는 것은 정말 경이로운 일이다. 저자의 책에서 정약용의 명언을 알게 되었다. '독서만이 살길이다' 라는 글처럼, 나도 살기 위해 독서를 하기 시작했다. 밥 먹듯 계속 책을 읽어나가면 무언가 변하는 게 있을 거라 믿으며 지푸라기라도 잡고 싶은 마음에 책을 많이 읽으며 몸소 느껴보기로 했다. 걱정할 시간도 없고 잡념도 다가오지 못하게 책을 읽다 보면 배움은 배움대로 얻고, 잡념도 사라지니 일거양득이었다. 그때부터 나의 본격적인 독서 여정은 시작되었다.

한 권의 책으로 변하기 시작했고 그 이후부턴 누가 알려주지 않아도 살기 위해 독서했다. 숨통이 트였다. 살아가는 것에 감사함을 비로소 느끼게 되었다. 더 많은 책을 접하게 되면서 바빠졌다. 하루가 너무 쏜살같이 지나가기 시작한 것이다. 한 권을 완독하고 책을 덮는 순간 따스함이 온몸을 감싼다. 그 느낌은 무엇과도 바꿀 수 없다.

책으로 인해 무언가 성취하는 뿌듯함이 생겼다. 비로소 내가 숨 쉬고 있다고 느끼게 되었다. 짧은 시간 동안이지만 책은 내게 너무 많은 선물을 주었다. 너무 많은 선물로 인해 어찌할 바를 모르겠다. 그로 인해 더 열심히 삶을 살아가겠노라고 다짐하게 되었다. 앞으로 내가 어떻게 변화될지 궁금하다. 반드시 더 나은 내가 되어, 나 자신과 어깨동무를 하며 남은 인생을 살아갈 것이다.

나로 인해 우리 가족이 행복해지고, 주위에 있는 모든 사람이 행복해졌으면 좋겠다. 나는 소망한다. 독서로 기나긴 방황을 마무리한 나처럼, 나의 책 또한 누군가에게 힘을 주어 끝도 알 수 없는 방황을 멈추게 할 수 있었으면 좋겠다.

삶의 의미와 행복의 답안지를 찾다

난 책을 읽으면서 7년이라는 긴 시간 동안 애타게 찾고 또 찾았던 질문의 답을 서서히 알아가고 있다. 질문의 답들이 책에 나오는 것을 볼 때면, 책에 형광펜으로 밑줄을 치고 타자로 필사도 하며 블로그에 고이 모셔둔다. 까먹을까 두려워 마음에도 몇 번이나 형광펜으로 밑줄을 쳐 댔는지 모른다. 삶의 버팀목이 되어줄 표지판을 절대 잊으면 안 되었다. 내가 그렇게도 애타게 찾던 삶의 의미는 한 문장으로 정리되었다. '우린 행복하기 위해 살아간다.' 내가 찾은 답이 너무 평범하고 허무하다고 생각하는 사람들도 많을 것이다.

뻔히 다 아는 내용이고, 누구나 행복하려고 살지, 불행하려고 사냐고 반문할지도 모른다. 맞다. 우린 누구나 행복하기 위해 산다는 것은 알고 있다. 그리고 무수히 많이 들었다.

그런데 문제는 행복해야 한다는 것을 알고만 있을 뿐이다. 어떻게 해야 진정으로 행복하게 살 수 있는지는 모른다. 나 또한 그랬으니까…….

뻔한 답일진 모르지만, 책들을 읽으면 전해져 오는 감흥은 이루 말할 수 없다. 한 줄로 요약된 삶의 의미를 자세히 깨닫고 싶다면, 꼭 책을 읽어 보길 바란다.(내가 읽은 책들은 내 블로그에 올려뒀으니, 참고하면 좋을 것 같다.)

나 역시 머릿속 어두운 나락 어딘가에 파묻혀 있던 답이긴 했지만, 책을 읽으며 곱씹으니, 그 의미를 크게 되새길 수 있었다. 책을 읽으니 행복이란 내가 생각하던 것과는 차원이 다름을 배울 수 있었다. 과거의 나는 행복을 부단히 쫓았지만, 행복을 추구할수록 불행해지는 이유를 깨달을 수 있었다. 행복을 얻기 위해선 성공, 많은 재산, 명성, 명예 등등 외적으로 보이는 것을 손에 잡아야만 행복이 뒤따른다고 생각했다.

우리 주위에서도 나보다 잘 나가는 지인들을 비교하며 불행해지는 경험을 어렵지 않게 한다. 잘 나가는 남편을 만나 인생역전을 하는 친구가 있거나, 멋진 집, 멋진 차를 장만한 지인이 있거나 SNS를 통해 여유롭고 풍족한 삶을 사는 이들을 볼 때면 나와 비교하게 되고, 질투와 시기심이 들면서 처량한 내 삶을 원망하게 된다. 나를 아는 모든 이들에게 나도 그들처럼 행복하다고 각인시키고 싶어 SNS에 허세가 가득한 사진들을 올리며 발악해본다.

그러나 마음은 더욱 허무해진다. 이렇게까지 행복한 척해야 하나 싶었다. 이런 상황들을 보면 모든 불행의 시작은 비교에서부터 시작된다. 비교로 인해 나 자신이 한없이 작아지며 자존감은 바닥으로 떨어진다. 그러면서도 허망한 욕심이 생겨난다. '저 사람은 저런데 나는 왜 이럴까. 나도 저러면 좋겠다. 나도 저런 환경이 주어진다면 저 사람보다 더 행복하게 살 수 있는데, 저 사람은 복도 많아. 나도 행운이 따른다면, 더 멋지고 행복하게 살 수 있는데…….'

질투와 시샘을 하면서도 한편으로는 나도 저러고 싶다는 욕망이 송골송골

피어난다.

그러나 욕심을 가질수록 이룰 수 없는 꿈이라는 것을 깨달으며 부질없는 내 삶과 나를 자책하고 비하하며 불행해진다. 우린 남과 나를 비교하면 안 된다. 그 사람은 그 사람대로 인생의 길이 있고, 나는 나대로 인생의 길이 있다. 그와 나는 다른 사람이다. 얼굴도, 체형도, 성격도, 식성도 똑같은 게 없는데, 억지로라도 그 사람처럼 되고 싶어 안달이다.

우리 고유의 자신을 인정하고 보듬어 주어야 한다. 내가 나를 인정할 때, 욕심을 버릴 수 있다. 이룰 수도 없는 부질 없는 욕심을 가져서 무엇하랴. 행복이란 물질적으로 무언가를 얻고, 어떤 결과로 행복해질 거라고 생각하지만, 이런 걸 행복이라고 생각한다면, 이 행복은 일시적이었다가 금방 사라지고 만다.

만약 내가 바라던 것을 가진다면, 행복을 향한 여정이 끝날까? 결코 아니다. 가지면 가질수록 더 많은 것을 탐하는 것이 사람의 욕심이다. 욕심은 끝이 없다. 채우면 채울수록 더 많은 것을 바란다.

내가 만약 많은 돈을 벌었다. 그토록 원하던 멋진 집과 차를 장만했다고 해서 행복해지고, 욕심이 사라질까? 그 시점이 되면 더 많은 부를 원하고 더 비싸고 멋진 물건들을 원하게 된다. 내가 가지고 싶던 명품가방을 드디어 장만했다. 그거 하나만 있으면 정말 행복하겠다고 생각하며 할부를 긁든 돈을 모으든 어렵게 장만하지만, 얼마 지나지 않아 다른 브랜드의 가방도 이뻐 보이고, 저거 하나만 더 있으면 진짜 행복할 수 있다고 생각하게 된다. 이것의 무한 반복이다.

욕심은 끝이 없다. 그래서 우린 욕심을 버려야 한다. 타인과의 비교를 멈추고, 나를 인정하고, 욕심을 버릴 때 진정한 행복은 뒤따른다. 길면 길고 짧으면 짧은 한 번뿐인 인생을 자신을 잃은 채, 남과 비교만 하며 살 것인가. 그래서 난

SNS를 절대 안 한다. 예전에 마음이 공허하고 허망할 땐 잠깐 SNS에 빠진 적도 있다. 내 글에 공감도 눌러주고 댓글도 달아주니 사람들이 별 볼 일 없는 내게 관심을 가지는 것만 같아 위안이 되면서 점점 집착적으로 하기 시작했다. 그런데 집착이 심해지니 SNS에 자랑할만한 글을 올리고 싶어 안달하기 시작했고, 일상생활 깊숙이 SNS라는 게 자리를 잡게 되었다. 댓글은 얼마나 달렸는지, 공감은 얼마나 달렸는지 궁금해서 견딜 수가 없었다. 가상공간의 행복한 내가 진짜 나인 거처럼 착각하며 밑도 끝도 없이 포장하기 시작했다.

그러다 무료해지면 남들은 어떻게 사는지 그들의 SNS를 보게 된다. 나보다 더 행복하게 사는 그들……. 내가 행복하다고 열심히 SNS에 올린 내용 이상으로 더 행복해 보이는 그들이 있었다. 결코 저들처럼 될 수 없다는 것을 알기에 너무나도 비참해졌다. 내가 SNS에 아무리 행복한 모습으로 발악을 한들, 차원이 다른 행복을 맛보는 그들……. 나와 비교할 수 없을 정도로 차원이 다른 행복을 만끽하는 그들의 모습을 더는 보고 싶지 않아 그 뒤로는 절대로 SNS를 하지 않는다. 하면 할수록 남과 비교하며 불행해지는 나를 만나고 싶지도 않았고, 더는 비참해지고 싶지도 않았다.

행복을 위해선 타인과의 비교는 절대 금물이다. 짧은 인생 남과 비교하며, 삶을 낭비할 수는 없다. 나는 나대로, 나만의 행복을 찾으면 되는 것이다. 비교하더라도, 어제의 나와 비교를 해라. 어제보다 나은 나를 보며, 더 나은 나를 만나기 위해 노력하라. 우리 인생은 길어봐야 100년이다. 무한하지 않다. 진정한 행복을 득도하기엔 너무 짧을지도 모른다. 유한한 시간 동안 진정한 행복을 하나라도 더 배우며 살아가기도 바쁘다.

우린 종종 TV, 잡지 , 책에서 접할 수 있다. 죽음이 코앞에 닥쳤을 때, 비로소 행복이란 어떤 것인지 깨닫게 되었다는 사연……. 물질만을 좇다 큰 실패로 집안이 풍비박산 나니, 비로소 진정한 행복이 어떤 것인지 깨닫게 되었다는 글들……. 평범한 일상이 한순간 잡을 수 없는 꿈이 되었을 때야 비로소 일상의 소중함을 깨닫게 되었다는 내용……. 행복을 위해선, 지금 이 순간을 살아야 한다는 것을 사연의 주인공들은 한결같이 말하고 있었다.

어떤 사건의 결과로 행복해질 거라거나 지금은 이렇게 열심히 살고 나중에 행복하게 살면 되지란 생각은 우리에게 인생의 시간이 무한정 있는 것처럼 행동하는 태도이다. 본인이 생각한 나중에 행복하게 살면 되지라는 시점이 왔을 때, 그때 정말 행복이 뒤따라올까?

우린 이 순간을 살며, 현재 보지 못하는 행복을 발견하고, 행복을 느끼며 살아가야 한다. 일상에서 느껴지는 행복의 소중함을 깨달아야 한다. 처음에는 머리와 마음이 뜻대로 되지 않아 힘들 것이다. 갈 길이 멀더라도 노력해야 한다.

무엇보다 진정한 행복을 찾기 위한 첫발을 내디뎠다는 게 정말 중요하다. 미치도록 지겹고 보잘것없던 일상들이 한순간에 할 수 없는 것이 된다고 생각해 보라. 그렇게도 평범하고 지겹던 일상들이 미치도록 그리울 것이다.

다리를 다쳐 편하게 걸을 수 없게 돼 봐야 평범하게 걷고 뛸 수 있었던 생활의 소중함을 깨닫게 된다. 건강을 잃어 입원이라도 하게 된다면, 구속 없이 자유롭게 지내던 일상이 그제서야 그리울 것이다. 아파서 먹는 것에 제한이 온다면, 자유롭게 여러 음식을 먹을 수 있던 일상이 생각날 것이다. 평범함을 잃어봐야 소중함을 깨닫는다.

소중한 일상을 잃어버릴지도 모른다고 생각하며, 지금의 행복을 느끼며 살아가야 한다. 죽음 앞에 다다른 사람들은 말한다. 현재를 인정하며 받아들이고, 이 순간을 사는 것만으로도 더는 바랄게 없다고……. 이제서야 진정한 행복이 어떤 것인지 알게 되었다고 말이다.

그들의 말처럼 모든 것을 내려놓고, 바로 지금 이 순간을 살아간다면, 진정한 행복이 바로 내 옆에 있다는 것을 알 수 있을 것이다. 과거에 대한 죄책감과 죄의식, 미래에 대한 불안과 걱정으로 지금 현재를 살고 있지 못하는 나를 포함한 현대인들이 결정적으로 깨달아야 하는 부분이 이 부분이다.

우리는 하루하루의 소중함을 반드시 알아야 한다. 시한부 환자들은 하루하루가 그토록 소중하지만, 일반인들은 하루하루의 소중함을 모른다. 일상의 평범함을 놓친 뒤에야 후회하지 말고, 제발 지금 현재를 소중히 여기며 살아가자.

행복은 나의 마음 상태에 따라 달라진다. 평범한 일상도 내가 어떻게 바라보느냐에 따라 행복할 수도, 불행할 수도 있다. 어떤 사건을 어떻게 받아들이고, 어떤 방식으로 처리하느냐에 따라 행복과 불행이 결정된다.

힘든 상황은 같은데 인정할 건 인정하며 긍정적으로 훌훌 털어버리는 사람이 있고, 현실을 비관하고 책망하며 불행하게 사는 사람들이 있다. 가난해도 부자라고 생각하는 사람이 있고, 부자라도 가난하고 계속 부족하다고 생각하는 사람이 있다. 모든 것은 마음 상태에 달려 있다. 책을 읽으면, 읽을수록 마음 상태가 달라진다. 환경이 달라진 건 추호도 없는데 마음 상태가 달라지니, 안 좋게만 보이던 것이 그럴 수도 있겠다 싶고, 내려놓게 되니 평온해진다. 내 환경이 만족스럽지 못하더라도 하루하루 평범한 일상을 감사히 여기며 지낼 수 있게 되었다.

지독한 육아도, 살림도, 직장도 내게 주어진 상황들이 모두 감사해지기 시작했다. 아이를 원해도 얻을 수 없어 힘들어하는 사람들이 있고, 살림하고 싶어도, 건강의 악화로 못하는 사람들도 있을 테고, 직장을 원해도 실업자로 살아가는 이들도 있을 것이다. 그에 비교해 걸림돌 없이 평탄한 일상을 살아갈 수 있음에 감사하다. 내가 그렇게도 지겨워하는 일상들이, 누군가에는 바라고 또 바라는 꿈일지도 모른다.

우린 깨달아야 한다. 나보다 더 힘든 환경의 사람들이 있다. 생각지도 못하게 내가 될 수도 있다. 우리 아빠 같은 경우에도, 뇌경색으로 생사를 오가던 때가 있었다. 수술이 다행히 잘 돼서 지금은 너무나도 건강하게 생활하고 계신다. 그 후에 아빠는 매일 같이 열심히 운동하시고 엄마는 옆에서 건강식으로 내조를 하신다.

친정에 갈 때마다 아빠는 누누이 이야기하신다. 아무것도 필요 없고, 아프지 말고, 건강하게 별 탈 없이 사는 게 최고라고 말이다. 돈도 좇지 말고, 지금 가진 돈이나마 잘 지키며 소소한 행복을 즐기면 되는 거라고 몇 번을 강조하시는지 모른다. 죽음의 문턱에 서봤던 인생 선배로서 아빠가 강조하시는 말은 분명 틀리지 않을 것이다.

나보다 30년을 더 사신 인생 선배의 말이기에 새겨들어야 한다. 내가 읽었던 많은 책에서도 공통으로 강조하고 있다. 행복이란 특별한 것이 아니라 그저 이 세상에서 숨 쉬고, 내 발로 어디든 걸어 다닐 수 있고, 두 발 뻗고 잘 수 있는 집이 있고, 내가 힘들 때 옆에서 격려해주는 이들이 있고, 아이의 환한 미소를 내 눈으로 직접 볼 수 있고, 만질 수 있으며, 아프지 않고 건강하게 하루하루를 살아가는 거라고 말이다.

현재의 나를 인정하고, 불필요한 것들은 마음에서 비우고, 남과 비교하지 않고, 소소한 일상의 행복들을 즐긴다면 진정한 행복을 느낄 수 있는 것이다. 그 의미를 직접 깨닫고 싶다면, 독서를 해보라. 책이 모든 답을 하나하나 알려 줄 것이다. 답을 알았다고 독서를 멈춰서는 안 된다. 계속 지속해야 마음 상태도 유지할 수 있다. 더욱 단단한 마음으로 세상을 바라보며 행복을 거머쥘 수 있다. 나의 평범한 일상이 한순간 할 수 없게 되었을 때라야, 뒤늦게 소중함을 깨닫지 말고, 이 순간 나 혼자서 할 수 있는 모든 것들에 행복해하자고 다짐해보자.

내가 세상을 대하는 태도는, 세상이 나를 대하는 태도다. 내가 세상을 긍정적이고 행복하게 본다면, 세상은 나를 긍정적이고 행복하게 대하지만, 내가 세상을 부정적이고, 불행하게 본다면, 세상은 나를 부정적이고, 불행하게 대할 것이다. 이왕 세상에 태어났으니, 노력하여 행복을 느끼며 살아가자. 처음엔 쉽지 않을 것이다. 지금의 나도 어렵고 현재진행형이다. 하지만 진정한 행복을 조금은 맛을 봤기에 책을 읽으며 마음을 다잡으며 하루하루 노력하고 있다.

분명 행복은 멀리 있지 않다. 나 또한 책으로 인해 변화될 수 있었듯이, 여러분도 책을 읽으며 변화될 수 있을 것이다.

독서가 제일 재밌네!

독서, 너 이렇게 재밌어도 되니? 어찌나 나를 설레게 하는지 모른다. 온종일 책 생각뿐이다. 달달한 연애 초기처럼 온종일 상대방이 보고 싶고, 잠깐의 헤어짐도 너무 아쉽고 그립다. 그러다 다시 만나면 어찌나 설레는지 모른다. 내가 바로 그 상태다. 책은 내 애인이고, 우린 연애 중이다.

독서에 빠지니 다른 것은 안중에도 없다. 누구의 방해도 없이 온종일 책만 읽고 싶다. 살림은 뒷전이고, 책만 읽는 사태까지 발생하곤 한다. 주말에는 신랑에게 몸이 안 좋고, 피곤하다는 핑계를 대며, 자는 척 책을 읽을 때도 있었다. 늦었지만 신랑에게 고백한다.

'미안해, 여보. 사실 책을 읽기 위한 전략이었어.'

책이 너무 재미있으면, 아이를 어서 등원시키고 책을 읽을 생각뿐이다. 책을 읽으면 시간은 어찌나 빨리 지나가는지, 어느새 하원 시간이 다가와 있다. 여러 권의 책을 하루라도 빨리 접하고 싶어서 동시에 이 책 저 책 돌아가며 읽은 적도 있었다. 아이를 재우고 늦게까지 무리하며 독서하는 것도 즐거움 그 자체였다. 꼭 잠을 자야 하나 싶을 정도로 잠자는 시간이 원망스럽기도 했다. 졸음을 이겨내며 책을 읽다 보면 졸음의 한계에 도달한다. 더는 이겨낼 수 없을 때는 드라마의 다음 편을 기대하는 것처럼 설레는 마음으로 잠을 청하고 새벽같이 일어나 책을 읽어댔다. 일찍 일어나는 게 그렇게도 힘들더니, 본격적으로 독서를 하기 시작하자 어렵지 않게 저절로 눈이 떠지며 일어나는 날이 늘어갔다. 전업주부가 되고, 둘째 임신을 한 후엔 집에만 있으니, 식욕이 왕성해져서 체중이 많이 늘면 어쩌나 노심초사했었다.

다행히 책 읽고, 도서관에 가서 대여하고, 반납하고, 리뷰 쓰고, 필사하는 시간도 어찌나 빠듯한지, 식욕이고 뭐고 정신없이 생활하게 되었다. 독서 덕인지 임신 39주 차에 접어들었음에도 8kg밖에 안 쪘다. 식욕도 잊게 해주는 독서의 위력에 매우 고맙다. 독서의 재미를 맛본 순간부터 도서관을 가까이하게 되었다. 내가 사는 곳에서 제일 가까운 곳이 부천 심곡도서관이다. 걸어서 왕복으로 한 시간이면 갔다 온다. 거긴 언덕 위에 위치하고 있어, 가는 길에 숨이 제법 찬다. 갈 때마다 느끼는 거지만 마치 작은 동산 하나를 오르는 기분이 든다. 운동이 은근 된다. 두꺼운 책을 가방 가득히 채우고 돌아오는 날이면 지칠 때도 있다. 임신하고 점점 배가 불러오니, 도서관의 언덕을 오를 때면, 힘겹기도 하지만 터벅터벅 한 걸음 한 걸음 걸으며, 맑은 공기도 마시고, 자연스레 운동도 되고 좋았다. 힘들어도 책들이 나를 기다리고 있다는 생각에 독려하며 앞으로 나아갔다. 도서관을 다녀오면 책도 대여하고, 운동도 하고 일석이조다. 너무 추운 겨울엔 밖에 나가기도 싫은 날이 있다. 책을 만날 생각을 하면 중무장하고, 얼어 있는 길도 조심하며, 책을 만나러 가게 된다. 책들은 내게 잠들어 있던 추진력을 일깨워 주었다.

평소엔 집순이로 걱정과 불안, 불평으로 하루를 살아가던 나였다. 하지만 독서를 하면서 게을러지지 않고 당장 행동하려는 횟수들이 조금씩 늘어나기 시작했고, 작은 행동들이 모이니, 미미하게나마 변화되고 있는 나를 만나게 되었다.

책이란 너무나도 재미있는 이야기보따리다. 책 한 장을 펼친 순간 그 세계에 퐁당 빠져버린다. 주위의 시선도 소리도 들리지 않는다. 간혹 가다 재미없는 책을 만나기도 하지만, 뭐가 대수랴……. 세상엔 너무나도 재미있고, 배움을 주는 책들이 무궁무진하게 우리를 기다리고 있다. 그 순간 읽던 책을 덮고, 다른 책을 읽기 시작하면 그만이다.

우린 무수히 많은 책 중에 한 권을 더 읽고 죽기에도, 인생의 시간은 빠듯하다. 여유 있게 1주에 한 권씩 읽는다고 쳐도, 1년에 52권을 읽게 된다. 내가 앞으로 살아갈 날이 최대 60년이라고 쳤을 때 대략 3,120권 정도 읽게 된다.

이 세상엔 그 이상으로 많은 책이 나를 기다리고 있는데 못 읽고 가는 책들이 많다고 생각하면, 지금 당장 내게 필요한 한 권을 더 만나고 싶어진다.

독서에 매료된 순간부턴 TV를 봐도 재미가 없고, 웹툰을 봐도 재미가 없고, 핸드폰 게임을 하더라도 왜 하나 싶어졌다. 피와 같은 나만의 시간에 나를 발전 시켜줄 행동을 하기에도 빠듯한데, TV, 웹툰, 게임을 하고 싶진 않았다.

물론 나의 취향이다. 만약 힘든 현실을 웹툰, 게임, TV로 힐링하며, 버티고 있는 분들은 언짢게 받아들이지 않았으면 좋겠다. 모두 취향이 같을 순 없다. 나 또한 참된 독서의 재미와 매력을 알기 전까진, 책을 왜 읽나 싶었다. 읽어도 얻는 것도 없는데 무엇하러 시간을 내서 굳이 읽어야 하는지 몰랐다. 오히려 책으로 인해 스트레스를 받고, 피곤하기만 했었다. 그 시간에 즐거움을 주고, 스트레스를 풀어주는 활동들이 내게 더 이롭다고 생각했다. 그래서 맥주 한잔하면서 TV 시청, 게임, 웹툰에 많이 의지했다. 잠시나마 현실을 잊고 스트레스를 풀어주는 활동들에 빠져 있는 게 좋았다.

TV에서 재미있는 드라마가 시작되면 환장했다. 그 순간 내 삶에서 하나의 활력소가 시작되는 순간이다. 드라마 한편이 끝나고 다음 편이 방영될 동안, 시간은 어찌나 더디게 가던지, 하루하루가 너무나도 길게 느껴지면서 다음 편이 더욱 애타게 기다려졌다. 좋아하는 드라마는 무슨 일이 있어도 본방 사수였다. 아이를 재우든 못 재우든 중요한 게 아니었다. 그 순간엔 드라마가 내 모든 것이었다.

만약 저녁을 먹으며 보게 되면, 신랑에게 간곡히 요청했다. 딱 50분 동안만 날 없는 사람 취급하고, 제발 건들지 말아 달라고, 그동안만은 혼자 알아서 아이를 봐달라고 부탁했다. 아이가 밥을 먹다 사레에 걸려 기침을 하든, 국을 엎지르든 말든, 난 드라마에 집중했다. 그 순간엔 아이는 내게 중요한 게 아니었다. 그걸 몇 번이나 경험한 신랑은 "해도 해도 너무 한다! 아이가 옆에서 사레 걸려 기침을 하는데, 눈길 하나 안 주냐?"

"응. 난 지금 아이보다 드라마가 더 중요해. 말 걸지 말아줘. 여보가 알아서 다 처리해. 나 몰라. 이 순간은 드라마 시청시간이니 제발 말 시키지 말아줘." 라고 했었다. 신랑이 "엄마 맞냐?" 라고 하더라. 만약 신랑도 컨디션이 안 좋고, 아이도 컨디션이 안 좋아 드라마 시청을 방해하는 날이면, 나는 마음에 가시가 돋듯이 조그마한 것에도 짜증을 내기 일쑤였다.

온종일 드라마 보는 것도 아니고, 고작 한 시간도 마음대로 드라마도 못 보냐며, 신랑에게 어찌나 짜증을 냈었는지 모른다. 한때는 웹툰에 흠뻑 빠져, 하루하루를 버티기도 했었다. 정말 재미있는 웹툰들이 많기도 했다. 내 삶의 도피처가 되어주는 웹툰들이 그저 고마웠다. 내용까지 재미가 있으니 어찌나 감사해 하며 봤는지 모른다.

게임에 빠져 지내던 날도 있었다. 그래픽도 멋지고, 타격감도 있는 게임이었는데, 얼마나 열심히 했는지 모른다. 게임 속의 멋진 전사가 되어, 괴물들을 무찌르니 스트레스가 풀렸다.

이렇게 나도 독서 이전에는 세 가지 요소에 흠뻑 빠진 적이 있었고, 나름대로 매력을 다 느껴봤었다. 그러나 독서의 매력을 알게 된 이후에는 독서가 제일 재미있다. 책에 어떤 내용이 나올지, 어떻게 전개가 될지, 오늘은 어떤 배움과 울림이 나를 기다리고 있을지 너무나도 설레고 궁금하다.

과거에 빠졌던 세 가지 수단에서는 나 자신과 대화를 할 순 없었다. 그저 나 자신을 배제하며, 현실을 외면할 수 있도록 도와주는 수단이었다. 그러나 책은 내게 여러 가지 인생의 배움과 위로, 위안, 공감, 용기와 같이 너무나도 긍정적인 에너지를 줬다. 이게 바로 책의 매력임을 깨달으며, 책에 매료되어 버렸다. 어떤 책을 읽더라도 교훈을 주었다. 책은 읽고 싶은데 아이를 보느라 시간이 안 날 때는 아이를 보살피다 잠깐잠깐 짬이 나는 대로 틈틈이 독서를 하기도 했다. 어쩔 땐, 아이가 자기도 읽겠다며 내 책을 뺏어가서 읽지 못하게 방해할 때도 있었다. 돌려달라고 하면, 자기도 내 책을 읽고 있다며 돌려주지 않았다. 어찌나 귀엽던지……. 책에서 배움을 하나하나 얻을 때마다 마음이 경건해지고 평온해짐을 느꼈다. 독서로 인해 나를 돌아보게 되었고, 나 자신을 조금씩 알아가게 되었다. 배움으로 인해 오랫동안 떠안고 있던 질문의 답들도 구할 수 있었다. 자신이란 빈 껍데기에 보물과도 같은 영양분들을 뿌려주니, 마음이란 내용물도 점차 풍성해지기 시작했다.

나를 알아가고 무수히 많은 교훈을 배운다는 게 너무 좋았다. 독서가 너무 좋아지자 잠깐 시간이 생겨도 그 시간에 독서를 하고 싶어졌다. 밥을 먹을 때나 대중교통을 이용 중이거나 아이를 보살피다 잠깐 나는 짬 시간도 소중하게 다가오기 시작했다. 잡지 않으면 그냥 흘려보낼 시간이라 생각하니 흘려보내지 않으려 노력하게 되었다. 독서를 하면 흥미도 없고 관심도 없던 분야에 궁금증이 생긴다. 나 역시 독서를 하면서 관심도 없던 역사와 경제, 세계사, 철학에 관심이 가기 시작했다.

독서의 재미를 알게 되어 얼마나 다행인지 모른다. 독서를 하다 보면, 책 속에서 다른 책들을 소개하는 부분들이 있다. 그럴 때마다 보물을 보관하듯 소중히 기록해둔다. 다음 읽을 책의 리스트가 한 권 더 늘어나면, 흥분되고, 어서 읽고 싶어진다. 리스트에 적혀 있는 책들을 어서 접하고 싶은 마음에, 읽고 있는 책의 하루 독서 목표량을 설정하여, 악착같이 읽어나갔다.

책도 재미가 있어야 읽힌다. 독서 목표량을 설정했음에도, 한 장 한 장 읽기 고역인 책이 있다면, 당장 멈춰야 한다. 이럴 때는 재미있게 읽을 수 있는 다른 책을 시작하는 게 좋다. 독서도 내가 재미를 느껴야만 지속할 수 있다. 지금부터 부지런히 독서를 한다 해도, 세상에 있는 모든 책을 죽기 전에 다 읽을 수는 없다. 이 세상에는 너무나도 많은 책이 존재한다. 그걸 생각하면, 오늘 하루도 열심히 독서를 하여, 한 권이라도 더 접해야 한다.

평생 지속될 독서! 큰 울림을 줄 책들을 언제 다시 만나게 될지 모르기에, 새로운 책을 펼치는 순간부터 설레기 시작한다. 책으로 인해 하루하루가 새롭고, 설레고, 재미가 있다. 책으로 인해 내가 원하는 일이 무엇인지 알게 되었고, 무엇을 할 때 시간 가는 줄도 모르고 즐겁게 몰입할 수 있는지 알게 되었다.

여러분도 어떤 일을 할 때 가장 가슴이 뛰는지, 어떤 일을 하는 순간이 가장 기다려지고 설레는지 생각해보길 바란다. 나는 그 답을 독서로 정했다. 여러분도 독서가 답이 되길 바란다. 만약 독서가 아니더라도 자신에게 맞는 수단들을 꼭 찾길 바란다. 본인만의 가슴 뛰게 하는 일을 찾아서, 더욱 행복한 삶을 살아가길 바란다.

고맙게도 독서하기 딱 좋은 시대

요새 들어 놀랍고, 편한 세상에 살아가는 것을 감사히 여기게 되었다. 마음만 먹으면 쉽게 책을 접할 수 있는 세상! 얼마나 고마운가! 나는 도서관, 교보문고 Sam, 전자도서관을 자주 애용한다. 도서관 갈 시간이 없을 때나, 도서관 갈 시간도 아깝도록 지금 당장 읽고 싶은 책이 있다면, 교보문고 Sam 과 전자도서관을 이용한다. 나는 2016년 11월부터 Sam의 정기 이용권을 끊어 지금까지 이용하고 있다. 한 달 동안 싼 비용으로 3권을 읽을 수 있는데, 얼마나 고마운지 모른다. 이용 안 한 기간이 반년 이상이 될 때도 있었지만, 정기이용권을 끊고 앱을 지우는 것만은 차마 할 수 없었다. 그것을 해지하고 삭제하면 생명줄 하나가 끊어지는 거처럼 내키지 않았고, 삶의 도피처를 없애고, 돌파구 하나를 자르는 것만 같았다. Sam으로 얼마나 많은 책을 다운로드 받고, 마음을 울리는 책을 찾고 또 찾았던가. 그로 인해 읽다 만 책들은 얼마나 많은가.

그래도 이런 과정이 있었기에, 책과 멀어지지 않고, 책 주위에서 맴돌 수 있었다. 이 과정은 드디어 결실을 맺어 마음을 울리는 책들을 2017년 3월부터 만나기 시작했다. 그러다 인생 책을 2017년 11월 운명적으로 만난다. 〈일일일책〉이라는 책이다. 저자는 도서관에서 책을 대여해서 읽는다고 했다. 솔깃했다. 나도 저자처럼 더 많은 책을 읽고는 싶은데, 굳이 돈을 들이긴 아까웠다.

또한 신랑이 외벌이하고 있으니 돈을 쓰는 게 사치처럼 느껴지기도 했다. 그렇게 한 권의 책이 나를 도서관의 세계로 안내했다. 그때부터 도서관으로 눈을 돌리게 되었고, 종이책도 접하기 시작했다. 종이 책을 한 장 한 장 넘길 때면, 내 영혼을 만지는 것만 같이 경건하고, 평온했다.

난 사실 종이책을 좋아하지 않았다. 가방을 무겁게만 하고, 읽을 때도 두 손을 이용해 책을 받치며 읽는 것도 귀찮고 불편해서였다. 그런 내가 점점 종이책의 매력에 빠지게 된다. 결국에는 마음을 울렸던 책들을 소장하고 싶다는 생각이 들었다. 심사숙고하며 베스트 오브 베스트만 추려, 피와 같은 돈으로 조금씩 장만하기 시작했다. 훗날 워킹맘이 되면, 그땐 좀 더 장만하고 싶다는 소망이 생겼다. 책을 소장하는 것은 낭비에 불과하다고 생각했던 나에겐 엄청난 변화다. 책을 읽으면 읽을수록 소장해야 하는 이유를 자연스레 알게 되었다. 소장한 책은 두고두고 여러 번 읽고 싶고, 무심결에 책 표지를 보게 되더라도 그때의 마음을 되새기는 데 도움이 되었다.

그렇게 종이책은 점점 내게 다가왔다. 어느새 도서관을 자주 이용하고 있었다. 일주일에 두세 번 가기도 했다. 도서관에 가서 읽고 싶은 책을 찾으면, 흥분되었다. 만약 시간이 안 나거나, 당장 읽고 싶은데, 교보문고 Sam의 책 대여수도 초과되어 읽을 수 없을 때가 있다. 그땐 내가 왜 이러나 싶을 정도로 초조해진다. 당장 읽어야 마음이 안정되고 숨을 쉴 수 있을 거 같은데, 읽을 수 없는 상황이니 너무 답답하고 어찌할 바를 모르겠는 거다. 그때 전자도서관이란 서비스를 알게 되었다. 전자도서관에는 다행히 내가 읽고 싶어 하는 책들이 있었다. 바로 전자책으로 대여해서 읽었다. 숨통이 트였다.

전자도서관 앱은 다양하게 있는데, 내게 맞는 앱을 선택해 다운로드 받고, 회원으로 가입되어 있는 도서관으로 접속해서 전자책들을 대여하면 되는 서비스이다. 대여하는 순간 다운로드 받아 읽을 수 있다. 이렇게도 이 시대에는 독서를 쉽게 접할 수 있도록 도와주는 수단과 환경들이 우리 주위에 가까이 있다. 얼마나 고마운 일인가! 나는 이 시대에 제공하는 시스템을 앞으로도 자주 활용할 것이다. 이전엔 독서란 지배층만 읽을 수 있었던 시대가 있었고, 먹고 살 만한 사람들이 시간을 내어 읽는 그런 것들이 아니었던가……. 지금 시대엔 그 누구나 쉽게 책을 접할 수 있다. 바쁜 사람들은 이동 중에도 핸드폰으로 책을 다운로드 받아 읽을 수 있으며, 시간이 된다면, 주위에 가까이 있는 도서관을 이용할 수도 있다.

요새 도서관들이 얼마나 많아졌는가. 정말 고마운 세상이다. 난 사실 고등학교 3학년 때까진 도서관이 봉사 활동하러 가는 곳, 무료 독서실, 수능 공부하러 가는 곳, 친구들을 만나는 장소쯤으로 여겼다. 도서관은 내게 있어 책을 보는 공간이 아닌, 도서관의 목적과는 상관없이 개인적인 이유로 이용되는 곳일 뿐이었다. 그때까지 도서관에서 책을 빌려야 한다는 생각은 아예 하지도 못했다. 정말 신기하지 않은가? 한 번도 이런 생각을 하지 않았다니……. 처음으로 도서관을 이용한 것은 고등학교 3학년 때 수능 공부를 위해 간 것이 최초였다. 그저 무료 독서실쯤으로 생각하고, 공부하기 위해 간 것이었다. 초중고 시절, 뇌가 팔딱팔딱할 시기에, 본인을 위한 공부가 아닌, 입시제도를 위한 공부를 한다는 것은 정말 안타깝다. 만약 그 시기에 책과 가까이 지냈다면, 나의 삶은 어땠겠느냐 물음 앞에서 마음이 뜨거워진다. 도서관에서 책을 대여하기 시작한 건 대학교 1학년 때부터였다. 전공 과제 때문에 전공 서적을 대여하러 도서관에 간 것이 도서관을 제대로 이용하기 시작한 첫발이었다. 그 계기로 방학 때는 무료한 시간을 달래려 소설책들을 빌려봤다. 그때의 독서란 시간 때우기 용이고, 전공 과제를 위해 어쩔 수 없이 가야만 하는 곳이었다. 만약 그때, 독서의 참된 영향력을 알고, 도서관을 더욱 이용했다면 그만큼 성장해 있었을 텐데 아쉽다. 조금만 더 일찍 책이란 존재를 가슴 깊이 새기고 깨달아 책과 함께하는 시간을 보냈다면, 나의 인생은 많이 달라졌을 거라 생각한다. 책을 읽으며 배운 교훈들로 삶을 대하는 자세는 당당했을 거라 확신할 수 있다.

도서관이라는 마음의 안식처가 가까이 있었음에도 깨닫지 못하고, 지내 온 세월이 후회된다. 독서를 위한 좋은 환경들이 주위에 조성되어 있음에도, 이용하지 못하는 사람들이 많아 안타깝다. 이젠 점점 도서관의 수도 늘어나고 있다. 그리고 핸드폰으로도 더욱 편하게 책을 제공받을 수 있는 시스템도 조성이 되었다.

우리에게 제공되어지는 수단들을 잘 이용해야 한다. 얼마나 고마운 세상인가? 도서관은 대여비도 없이 회원가입만 하면, 읽고 싶은 책을 대여해 주는 곳이 아닌가. 전자도서관 역시 내가 회원인 도서관의 전자책들을 핸드폰만 있으면, 다운로드 받아 볼 수 있는 시스템이 아닌가. Sam과 같은 앱은 저비용으로 책을 대여해서 볼 수 있지 않은가. 30대라는 인생의 반도 지나지 않은 시기에 참된 독서의 힘을 발견하게 된 것을 너무나도 다행스럽게 생각한다. 만약 지금도 알지 못한 채 지내고 있다면, 여전히 방황하며 갈피를 못 잡고 허우적거리고 있을 것이다.

생각만 해도 슬프다. 나이가 적든, 많든 아직 접하지 못했다면, 지금 당장 우리에게 제공하고 있는 독서의 환경을 접하길 강력히 권유한다. 나는 내게 주어진 독서 환경으로 인해, 독서의 힘을 느낄 기회를 얻었다. 결심만 하지 말고, 당장 일어나 행동해야 한다. 여러분도 기회를 얻고, 독서를 하며 자기 자신이 변하는 경험을 해보길 바란다.

마음이 평온해지다

독서를 하면 할수록 마음이 평온해지기 시작했다. 잡념과 불안, 불평, 걱정 등의 부정적인 생각들이 점점 내 주위에서 물러나기 시작했다. 만약 부정적인 생각들이 다가오는 게 느껴지면, 나는 더 악착같이 책에 빠지려 노력했다. 책의 몰입으로 인해 점점 부정적인 생각을 하는 횟수들이 줄어갔다. 부정적인 생각을 하며, 시간을 보내기보단 나를 위한 긍정에너지를 내뿜어주는 독서가 더 이롭다는 걸 깨달았고, 더욱 부지런히 독서를 하기 시작했다.

책은 신기했다. 읽으면 읽을수록 나를 변화시켜나가기 시작했다. 책에서 얻은 울림들로 인해 마음 상태가 변화되었다. 마음 상태가 변하니 생각의 전환을 하기 시작했고, 다른 시각에서 나와 세상과 인생을 바라보기 시작했다. 세상은 변한 게 없는데, 마음 상태가 변하니 너무나도 달라 보였다. 모든 건 마음 상태에 달려 있다는 책의 내용처럼, 놀라운 경험을 하고 있었다.

모든 것은 마음먹은 대로 흘러간다. 안 된다 안 된다고 생각을 하면, 정말 안 되게 된다. 왜냐하면 내 행동 자체가 의기소침해지고 안 되는 걸 되게 하려는 열정 자체가 간절함이 없어 시원찮기 때문이다.

된다, 된다고 생각을 하면, 정말 된다. 왜냐하면 내 행동 자체가 적극적이고, 꼭 되게 하려는 간절함으로 팔을 걷어붙이며, 문제에 대항하며 하나하나씩 이겨내기 때문이다. 그만큼 마음 상태는 삶을 살아가는 데 있어서 중요한 것이다.

마음이 변하니 삶을 바라보는 눈이 변화되고 일상을 대하는 태도가 변화되었다. 그 시작으로 마음의 평온함도 서서히 찾아왔다. 책들을 한 권, 한 권 접할수록 마음이 성장하는 게 느껴졌다. 그러나 마음상태는 생각보다 쉽게 변화되지 않기에 그만큼 노력해야 한다.

명확한 목표가 있다거나, 내 생각을 전환할만한 큰 사건을 접하지 않는 한 변화되기 어렵다고 생각한다. 우물 안 개구리처럼, 우물 안 생활에 갇혀, 갇힌 생각만 하게 되는 거와 비슷하다. 우물 안을 벗어나면, 넓은 세상이 있다는 걸 알지 못한다. 우물 안을 벗어나겠다는 명확한 목표가 있다면, 그 목표를 위해 단련하며 마음 상태를 달리 먹고, 해내겠다는 집념으로 노력을 할 것이다.

만약 우물 안에 둑이 무너져내려 생명에 위협을 주는 사건을 겪게 된다면, 우물 안은 안전하지 못하다는 생각과 함께 그제서야 벗어나야만 한다는 생각의 전환을 하게 될지도 모른다. 막상 우물을 벗어나 더 넓은 세상을 바라보면 놀라워하기도, 두려워하기도 할 것이다. 놀라워 우물 밖 세계에 발을 들여놓을 수도 있지만, 두려워서 우물 안으로 다시 숨을지도 모른다. 이 포인트가 중요하다. 생명에 위협을 받더라도 우물 안에 숨으려 한다면 변화는 이루어지지 않는다.

우물 안의 위협적인 사건으로 본인 의사와 상관없이 우물 밖 세상을 향했더라도, 지금과 다른 세상을 체험하며, 그동안 너무 좁은 곳에서 생활했음을 깨닫게 될 것이다. 그로 인해 생각의 전환을 하게 되고, 마음의 상태를 변화시키는 계기가 될 것이다. 본인 의지와 상관없더라도 다른 세상이 있다는 걸 간접 경험하는 것만으로도 마음의 동요는 시작되는 것이다.

나 또한 본격 독서를 하기 전까지 장장 7년 동안 우물 안에 갇혀서 아무리 발버둥을 쳐봐도 그 자리 그대로였다. 우물 밖에 또 다른 세상이 있다는 것은 생각도 못 하고 우물 안에서만 몸부림치고 있었다. 끝내 우물 안의 현실에서 벗어나고자 소설, 추리소설, 게임, 운동, 웹툰에 빠져 지내기도 했지만, 답을 구하는 수단이 아닌, 우물 안의 답답하고, 축축함을 외면하기 위한 수단이었을 뿐이었다. 우물 안이라는 문제의 본질은 바라보지 못한 채, 나름대로 허우적대고 있을 뿐……. 그러면서 나는 그나마 노력하고 있다고 합리화시켰다.

'그럼 그렇지……. 내가 노력한다고 변화되긴 개뿔……. 그냥 살래. 인생 뭐 있냐. 그냥 되는대로 살다 가는 거지 뭐…….'

세상이 원망스럽고 모든 게 세상 탓이라고 불평했다. 문제를 해결하기 위해선 문제의 본질에 정면으로 부딪쳐야 하는데, 그렇게 하지 못한 채 도망치려고만 했다. 우물 밖으로 나가 또 다른 세상이 있다는 걸 깨닫고 행동했다면, 해결의 돌파구를 더 빨리 잡을 수 있었을 것이다. 다행히도 너무 늦지 않게, 나를 변화시키는 계기를 만나게 된다. 생각의 변화는 한 권의 책을 접하면서 시작되었다. 피폐한 인간을 책 한 권이 변화시킨 것이다. 책은 우물 밖의 세상도 있음을 알려 주었다. 나만의 생각의 울타리에서 벗어나는 게 두렵긴 했다. 그러나 책은 내게 괜찮다, 할 수 있다, 또 다른 답이 너를 기다리고 있다며 독려하고 응원을 해주었다.

그로 인해 나는 더 넓은 세상으로 나와, 다른 시각으로 세상을 바라볼 수 있었다. 나는 아직도 진행 중이다. 지금 발 디딘 새로운 세상보다 더 넓은 세상은 또 있을 것이다. 새로운 세상 속으로 나아가면 나아갈수록 더 많은 배움이 나를 맞이해줄 것이다. 그렇게 생각하면 할수록 갈 길이 너무나도 멀고, 평생 할 수 있는 만큼은 배워 나갈 거라고 마음을 다잡게 된다.

책으로 더 많은 세상을 접할수록 나보다 훌륭한 이들의 배움으로 점점 발전해 나갈 수 있을 것이다. 나는 안될 거야 하고 굳게 믿고 있던 마음을 책이란 친구는 이렇게 해보면 해결이 될 수도 있다고 생각의 전환을 시켜 주었다. 나는 그동안 마음 상태를 변화시켜야 한다는 생각은 추호도 하지 못했다. 그저 답을 찾아야겠다는 생각만 절실할 뿐이었다. 너무나도 절실한데 방법을 알지 못했다. 답을 향한 실마리는 마음 상태의 변화로부터 시작된다는 것을 책을 통해 깨달을 수 있었다.

내가 세상을 어떻게 쳐다보고 행동하느냐에 따라 모든 게 변화된다. 눈에 띄게 변화되진 않더라도 서서히 변화가 오는 것을 분명히 느낄 수 있다. 나를 받아들이는 일부터 시작했다. 보잘것없는 나의 있는 그대로의 모습을 인정하고, 불필요한 찌꺼기들을 비워내기 시작했다. 점점 마음이 평온해짐을 느낄 수 있었다. 당연히 여겼던 일상들이 너무나도 소중한 것임을 깨닫게 되었다. 책을 통해 나보다 더 힘든 이들이 있고, 그들이 그렇게도 간절히 원하는 일상을 살고 있음을 알게 되자, 너무나도 부끄럽고 죄송했다.

일상을 당연시하며, 여기저기 불평, 불만을 해대고 있는 내 모습이 얼마나 부끄럽고 민망했는지 모른다. 만약 당연히 여겼던 평범한 일상들을 한순간에 할 수 없게 된다고 생각하면, 너무 무섭고 소름이 끼친다. 아마 난 그 순간 무너져 내릴지도 모른다. 일상의 소중함을 알게 되면서, 그동안 내가 해왔던 행동들을 돌아보게 되었다.

지루하기만 했던 일상들로 불평, 불만, 걱정하기 바빴던 나.

육아로 인해 나를 잃어버렸다고 후회하며, 세상을 원망하던 나.

온갖 짜증을 신랑에게 해대던 나.

나로 인해 우리 가정의 분위기가 한순간 냉동실처럼 차가워졌던 게 생각이 났다. 평생 불평, 불만, 짜증을 가득 안고 살아간다면, 어떨까 라고 생각하니, 숨이 막힌다. 한없이 불평, 불만, 원망한다고, 나아지거나 해결되는 게 있었는가? 해결된 것들은 하나도 없었다. 그저 나만 괴로워질 뿐이다. 부정적인 감정은 하면 할수록 습관이 된다. 해결되지도 않는 문제를 가지고, 거기에 빠져 허덕거릴 순 없다. 부정적인 생각으로 인한 감정 소모들이 부질없어 보였다.

'그렇게 해서 내가 얻는 게 뭐지? 그저 똑같이 불평, 불만을 해대는 불행한 나밖에 더 되겠어?'

책은 내게 알려주었다. 불행한 나는 내가 만드는 것이라고, 불행하다고 생각하면 불행해질 뿐, 나아지는 것은 없음을 똑똑히 알려주었다. 부정적인 생각을 할 바엔 책을 한 장 더 읽는 게 낫다. 당연한 일상이 한순간 당연한 일들이 아니게 될 때를 생각하면, 무섭다. 내 일상들의 소중함을 깨닫고 불평, 불만은 그만둬야 한다.

내가 생각하는 행복의 답이 틀렸음을 책을 통해 배웠다. 물질적인 행복은 한순간 반짝였다가 금방 사그라진다. 진정한 행복은 현재의 소소한 행복을 느끼며, 불필요한 욕망을 버리는 데서 출발한다. 행복을 만나기 위해선 마음 상태를 변화시키는 것만으로도 충분하다. 지루한 일상은 새로운 시도를 하며 벗어나거나, 나보다 힘든 이들을 생각하라.

나를 잃어버려 방황하고 있다면, 잠을 줄여서라도 시간을 내서 내 시간을 갖고, 나 자신과 만나라. 이 모든 것은 책이 도와줄 것이다. 힘들수록 마음을 단단히 다잡고, 노력하면 된다. 행복은 노력해야 얻을 수 있다. 부정적인 생각들이 다가오지 못하도록, 열심히 독서하라. 만약 잘 하고 있다가도 삐걱거린다면 뒤

돌아 나의 태도를 반성하고 다잡으면 된다.

책을 읽으면 읽을수록 나를 반성하게 된다. 부정적으로 세상을 바라보던 마음, 타인만 행복하고 나는 한없이 불행한 것만 같은 질투와 억울함, 신랑을 대하는 내 행동, 이 모든 것들이 먼지 범벅인 마음 상태에서 빚어졌다는 것을 알았다.

책에서는 여러 가지를 답해주었다. 냉담하고 짜증 섞인 내 행동으로 소원해진 우리 부부의 관계에 대한 답도 알려주었다. 상대를 변화시키려 하지 말기, 상대에게 의지하려 하지 말기, 상대를 미워할수록 나만 더 힘들어 질뿐이라는 내용 등등……. 큰 울림이 되는 배움이 나를 맞이해주었다.

이 중에서 유독 내게 와 닿았던 부분은 상대를 미워할수록 내가 더 힘들어진다는 내용이었다. 이 배움을 얻었을 때 나는 머리를 한 대 맞은 것처럼 정신이 번쩍 들었다. 상대를 미워할수록, 그를 더 원망하고, 불평하고, 그에게 더욱 신경 쓰며, 안 좋은 행동 하나라도 트집 잡으려 감정을 소모하고 있다는 걸 깨닫게 되었다. 상대를 원망하고 미워할수록 내 마음은 더욱 괴로웠었다. 원망하며, 그에게 잔소리 할 때는, 그 순간은 후련할지 모르지만, 그 행동으로 인해 서로 상처를 받아 관계는 더욱 멀어지고, 해결할 수 없는 상황으로 치닫는 우리의 모습에 착잡하고 슬펐었다.

책은 나의 문제들을 짚어주었다. 만약 책을 읽지 않았다면, 내가 가지고 있는 여러 가지 문제들의 핵심을 짚어낼 수 있었을까?

나는 어렵다고 생각한다. 책을 만나지 않았다면, 변화되는 건 하나 없이, 고통에 시달리며 제자리에 있거나 아니면 더 뒤로 밀려날 거라고 생각한다. 그래서 우리는 책을 통해 더욱 나은 나를 만들어 나가야 한다. 걱정, 불평, 불만으로 인해 인생의 시간을 낭비해서는 안 된다. 나를 변화시켜야 한다. 나의 현재를 인정하고, 사랑해야 한다. 그로 인해 나는 평온해진다.

마음 상태가 변하니, 내게 손을 내미는 책들이 고마워졌다. 내게 배움을 주는 책들에게 큰절이라도 하고 싶은 심정이다. 기나긴 방황을 드디어 매듭지을 수 있다는 게 너무나도 행복하다. 이거 하나로도 너무 행복한데, 더 행복한 나를 위해, 또 다른 배움을 주며 깨달을 수 있도록 조력자가 되어주니 감사하고 너무 든든하다. 나는 많은 것을 담아내지도 못했으면서, 많은 것을 담아내고 있다고 착각을 하며 살았다. '나도 살 만큼 살았으니, 알만큼은 다 알아. 내게 뭘 더 바라는 거야? 이 정도면 나도 할 만큼 했어!' 라는 식으로 자기 합리화를 했었다.

그러나 책은 내 문제를 지적해주고, 방향을 제시해주었다. 어느 날 만난 책 한 권으로 마음 상태가 변하니, 모든 게 달라지기 시작했다. 책 한 권의 강력한 힘을 몸소 느낄 수 있었다. 나를 변화시킨 건 한 권의 책이었다.

나의 독서 방식

본격 독서를 하기 전까진 무작정 이 책, 저 책을 읽어댔다. 그렇다고 고른 책들을 모두 완독한 건 아니다. 읽다 만 책들이 셀 수도 없다. 7년이란 마음의 병을 앓던 기간 동안 무언 갈 찾아 헤매는 하이에나처럼 아무 책이나 읽어댔었다. 그땐 현실에서 도피하고 싶어 소설책 위주로 많이 읽었었다. 한때 추리소설에 푹 빠지기도 했고, 베스트셀러에 올라와 있는 소설책들을 읽기도 했다. 그중에 간간이 내게 큰 교훈을 준 책들도 있었다. 그러나 마음의 갈증은 그대로였다. 점점 읽은 책들이 비슷비슷하게 느껴졌다. 그저 시간을 때우는 현실 도피용일 뿐…….

'깊게 뿌리 박힌 상처의 근원을 독서로 치료할 수 있기는 한 걸까?'

독서로 인생을 바꿨다느니, 다른 삶을 살아간다는 이들의 인터뷰는 뜬구름처럼 나와는 상관없는 세계였다.

'독서로 인생이 바뀌긴 웃기고 있네. 말이 돼? 다 허풍일 뿐이야.'

그렇지만 독서라는 끈은 놓지 못한 채 최근까지도, 무작정 이 책, 저 책 집어댔다. 눈길이 가는 대로 책을 읽었다. 읽었다기보단, 내 입맛에 맞는지 맛보기 위해 집어댔다는 비유가 더 어울릴지도 모르겠다. 복권 당첨을 기대하며, 동전으로 은색 스크래치를 긁어대는 거처럼, 내 마음을 해방시켜줄 복권과도 같은 책을 얼마나 애타게 찾아다녔는지 모르겠다. 그러다 나를 변화시킬 만큼 큰 울림을 주는 책을 드디어 만나게 된다. 복권에 당첨될 기적과도 같은 비율일지도 모른다. 부정했던 인터뷰 내용처럼 책이 나를 변화시키기 시작한 것이다.

내 상처와 아픔은 깊게 뿌리 박혀 빠지지 않는 못과 같았다. 시간이 흐를수록 마음은 쇠약해져 갔다. 마음의 비는 허구한 날 내려 못에 녹이 슬기 시작했고, 뽑을라치면 으스러져 쉽게 뽑을 수도 없었다. 심하게 녹이 슬어 있던 못으로 인해, 뽑는 순간부터 움직일 때마다 녹가루들이 떨어졌다. 떨어진 녹가루는 나를 잘근잘근 괴롭혔던 부정적인 생각의 부스러기였다. 바닥에 떨어져서도 못이 안 빠지길 주시하며 저주를 거는 것 같았다. 불안했다.

그러나 강력한 책의 위력은 깊게 뿌리 박힌 녹슨 못을 모조리 뽑아냈다. 그로 인해 마음의 방황을 끝낼 수 있었다. 방황을 끝낼 수 있게 도와준 인생 책을 만나기 위해 장장 7년이라는 시간을 희생했는지도 모르겠다. 7년은 짧은 기간이 절대 아니다. 그 기간의 방황과 아픔, 상처를 가지고 다녔다는 억울함은 한 권의 책을 만났다는 것으로 모든 보상이 되었다. 그 후로 나는 달라졌다. 부정적인 생각일랑 하지 않으려 노력했고, 잡념이 찾아올라치면, 더 악착같이 책을 읽어댔다. 책 한 권은 엄청난 계기를 불러일으키는 마그마와 같았다. 엄청난 화력으로 부글부글 끓는 내 의지를 달아오르게 했다.

여러분에게 말하고 싶은 건 인생의 책 한 권을 만나게 되면 그 이후부턴 누가 알려주지도 않아도 알아서 독서를 하게 된다는 것이다. 인생의 책 한 권을 반드시 만나길 바란다고 말하고 있지만, 한편으론 죄송스럽고 염치가 없다. 한 권을 만나는 여정은 무척이나 괴롭고 외로울 수도 있기 때문이다. 나는 한 권의 책을 만나기 위해 7년이란 시간이 걸렸다. 7년이란 시간 동안 책을 멀리하지 않았던 게, 비결이라면 비결일지도 모르겠다. 힘 빠지는 소리일지 모르겠지만, 여러분도 나를 변화시키는 한 권의 책을 꼭 만나길 바란다. 그 책과의 만남은 몰랐던 나를 끄집어내 주고, 열정의 마그마를 활활 뿜어댈 수 있는 촉진제가 될 것이다.

그 전까진 일단 여러 책을 접하길 바란다. 완독하든 말든 일단 읽어나가라. 어느 날 문득 나를 변화시킬 한 권의 책을 만나게 될 것이다. 긴 시간 동안 외롭게 찾아 헤맬지도 모른다. 나는 이렇게 격려해주고 싶다.

'상심이 클수록, 좌절이 클수록, 열등감이 클수록 내가 느낀 만큼, 내가 슬픈 만큼, 내가 괴로운 만큼 그대로 딛고 일어나면 되는 거다. 그럼 나는 그만큼 성장한다. 괴로움을 즐기고, 나약함을 즐기라. 그리고 그걸 소화시켜라. 그럼 나는 성장하고 또 성장할 테니……'

상처와 아픔으로 7년 동안을 괴로워했지만, 난 그 아픔을 소화하며 그 시간만큼의 성장을 이룬 느낌이다. 괴롭다고, 상심이 크다고, 포기하지 말고, 한 발 한 발 나아가며, 독서를 꼭 지속하길 바란다. 내가 경험했지만, 나를 변화시키는 책 한 권의 힘은 엄청나게 강력하기 때문이다.

그 후의 책들을 읽을 때면 하나같이 큰 의미와 배움을 안겨주었다. 이게 책 한 권의 여운일까? 똑같은 책을 읽어도, 다르게 받아들이게 되었다. 나를 변화시킨 한 권의 책은 못을 뽑아야겠다는 결단을 내려 준 계기가 됐다면, 그 후에 읽은 책들은 못으로 인해 구멍 난 마음을 메꿔 주었다. 변화 후의 독서는 누가 알려주지 않아도, 알아서 진행되었다. 마음에 박혀 있던 녹슨 못을 빼냈다고 해서 끝난 게 아니다. 나를 다잡을 수 있도록 확고한 의지를 유지한 채 살아가야 한다. 1등이 되는 게 힘들 긴 하지만, 1등을 유지하는 건 더 어렵다. 이와 비슷하다. 유지할 수 있도록 더욱 노력해야 한다. 내게 던져진 질문들의 실마리를 잡았지만, 나는 계속해서 비슷한 주제의 책들을 읽어나가고 있다.

앞에서도 언급했지만, 나의 주요 쟁점은 행복, 삶의 의미와 가치이다. 이건 살아가는 데 정말 중요한 문제라고 생각한다. 답을 찾은 사람들은 평온한 마음으로 남은 삶을 살아갈 테고, 못 찾은 사람들은 변화 없이 불행한 마음으로 불평, 불만으로 찌든 삶을 계속해서 살아갈 것이다.

책을 읽다 보면, 생각지도 못한 책을 소개받게 된다. 책 내용 중에 저자가 언급하는 책들이 있는데, 흐뭇한 마음으로 독서 리스트에 메모해둔다. 읽고자 하는 책의 리스트가 하나하나 채워질 때마다, 마음이 조급해진다. 한 권이라도 빨리 만나고 싶어진다. 그렇지만 조급해하지 말고, 읽던 책은 하루의 분량을 목표로 꾸준히 읽어나가라.

나 같은 경우는 어렵지 않은 책이라면 한 시간에 60페이지를 읽는다. 이것을 바탕으로 하루의 독서 분량을 정하면 된다. 컨디션이 좋은 날은 목표치보다 더 읽어나갔다. 이렇게 읽다 보면 적어도 3일 안에 한 권의 책을 읽을 수 있었다. 시간이 안 난다고 할 경우엔, 짬짬이 생기는 시간을 적극적으로 활용하기 바란다. 나 또한 짬 시간을 많이 활용했다. 본격 독서를 하며 5시에 일어나 나만의 시간을 음미하며 독서를 했다. 워킹맘 시절엔 출퇴근 시간을 적극적으로 활용했다. 갈 때 한 시간, 올 때 한 시간 총 2시간이 내게 주어지는 것이다. 그 시간을 잘 활용한다면, 다른 시간을 굳이 내지 않더라도, 꽤 되는 독서시간을 충당할 수 있다.

만약 출퇴근 시간이 30분 미만이다? 차를 타지 않고 걸어 다닌다? 30분도 안 되는 시간이지만 대중교통을 이용한다면 단 5분이라도 독서시간에 할애해보라. 그러면 더 읽고 싶어서 짬 시간을 적극적으로 이용하든, 일찍 일어나든, 조금 늦게 자든 하게 될 것이다. 걸어 다닌다면, 그만큼 집이 가깝다는 이야기인데, 집에 도착하여 본인에게 알맞은 시간과 분량을 목표를 정해 독서를 해보자. 워킹맘이라 시간이 안 난다면, 나처럼 노력해서라도 시간을 만들어 읽어보자.

나는 아이를 재운 후 30분과 새벽 시간을 주로 이용했다. 체력적으로 매우 힘들긴 할 것이다. 아이를 재우고 나면 그제서야 하루의 피곤이 몰려오기 때문에, 눈꺼풀이 저절로 내려갈 것이다. 그래서 난 새벽 시간을 주로 이용했다.

한숨 푹 자고 나면 그나마 피곤이 풀려, 책을 읽기 좋았다. 일어나기 힘들지라도, 쳇바퀴 돌듯 돌아가는 삶에, 빛나는 희망을 비춰주고 싶다면, 30분이라도 일찍 일어나 책을 읽도록 노력해야 한다.

책에선 많은 내용이 나를 충전시켜 준다. 불필요한 내용은 버리고, 내게 가치가 있는 배움을 하나하나 채워나가라. 내가 책을 읽으면서 느낀 것 중의 하나는 독서의 느낌도 상대적이라는 것이다. 저자나 이웃 블로거가 극찬하며 소개한 책을 읽은 적이 있다. 기대하며 기쁘게 한 장 걷고, 기대 이하인 책들에 실망한 채 책을 덮었던 적도 꽤 된다. 그렇지만 실망하지 말길 바란다. 상대방은 그 책으로 큰 울림을 받았는데, 내가 부족하여 못 느꼈다고 자책하지 말아라. 상대와 내가 성격도 식성도 다르듯 책의 입맛도 다른 것일 뿐이다.

이 세상엔 무수히도 많은 책이 나를 기다리고 있다. 내게 맞는 책을 읽으면 된다. 내 책이 아니라고 생각되면, 망설이지 말고 책을 덮고 다른 책을 읽어나가라. 또한, 독서 후엔 리뷰를 짧게나마 적는 게 좋다. 본격 독서를 시작하며, 잠들어 있던 블로그 계정을 깨웠다. 내가 읽었던 책의 리뷰들이 하나하나 채워질 때마다 뿌듯했다. 욕심도 생기기 시작하여, 더 많은 책의 리뷰를 올리고 싶어졌다. 자극을 받았다면, 독서를 하는데 최적의 마음 상태가 된 것이다. 한 권이라도 더 읽고 싶은 욕심에 더 많은 책을 읽어나가게 되는 촉진제가 되기 때문이다. 욕심 때문에 어려운 책을 집어 드는 건 시기상조 인 듯 싶다.

어느 정도 독서와 한 몸이 된 후라면 모를까 나처럼 본격 독서의 초보자라면, 관심 주제에 맞는 쉽고 재미있는 책들로 시작하는 게 좋을 듯하다. 나도 욕심내서 어려운 책을 집어 들었다가, 독서가 스트레스로 다가오면서, 독서의 흐름이 깨진 적이 몇 번 있다. 주위에서 추천하더라도, 내 수준에서 어렵게 느껴진다면, 그 책은 잠시 보류하고, 쉽게 다가오는 책으로 독서의 흥미를 높여나가길 바란다.

독서가 습관이 되고, 읽지 않으면 허하고, 나와 한 몸이 되었다고 느껴질 때, 보류하고 있던 그 책을 읽어나가면, 중간에 포기하지 않고, 내 리듬대로 읽어나갈 수 있을 것이다. 나의 독서방식을 언급한 이유는 여러분에게 조금이나마 도움이 될지도 모른다는 생각에서다. 독서를 하라고 어지간히 독려하는 저자는 대체 어떤 방식으로 독서를 하는지 궁금해하실 분들도 있을 거라 생각되어 조금이나마 도움이 되고자 나름대로 내 방식을 정리해봤다.

내가 김칫국부터 마신 게 아닌지 모르겠다. 별 도움이 안 됐더라도, 나라는 사람은 이런 방식으로 독서를 했다고 참고만 해도 좋겠다.

사람은 누구나 성향이 다르다. 누구의 방식이 맞다 틀리다 지적할 수 있는 게 아니다. 하다 보면, 본인에게 맞는 방법을 스스로 찾아낼 수 있을 것이다. 각자의 방식대로 즐겁게 독서를 해나가길 응원한다.

제4장
어느 날 깨달은 글쓰기의 효과

글쓰기의 진정한 효과를 비로소 깨닫다

글쓰기의 효과를 알게 모르게 경험하고 있었음에도 간과하고 있던 나는 한 권의 책을 만나면서 비로소 깨닫게 되었다. 독서로만 끝내지 않고, 책에서 얻은 내용, 배움 등을 적다 보면, 생각지도 못했던 그 외의 깨달음들이 불쑥불쑥 내 앞에 나타난다. 한 차원 다른 배움을 얻는 순간이다. 독서로만 끝을 냈다면 절대로 얻을 수 없었을 것이다. 이처럼 글쓰기를 하다 보면 미처 깨닫지 못한 숨어 있는 배움을 만나게 되는 행운을 맛본다.

언젠가 원치 않는 인간관계가 힘들어 그와 관련된 책들을 집중해서 읽은 적이 있다. 어쩔 수 없이 맺어진 인간관계는 내게 괴로움을 주었다. 관계를 지속할수록 이득은 없고, 삶의 불평, 불만으로 얼룩질 뿐이었다. 그런 관계에서 빠져나오고 싶었다. 어쩔 수 없는 관계의 형성 속에서 불필요한 감정 소모를 해야 한다는 게 괴롭고 피곤했다.

인간관계에 관련된 책들을 읽었음에도 번뜩하며 울림을 주는 것이 없었다. 다 비슷한 말들뿐이었다. 그렇지만, 독서 후에 글쓰기를 하는 순간 머리에서 폭죽이 터지듯 깨달았다. 하늘만 원망하던 나를 객관적인 시각으로 바라보며 지적해주었는데, 괴로워하는 인간관계가 시작된 원인은 내게 있었다.

돌이켜 생각해보았다. 이 관계의 시발점엔 한창 마음의 방황을 하여, 갈피를 잡지 못해 이리저리 휘둘리는 내가 서 있었다. 내가 멀리해야 할 사람들을 인지하지 못하고 그저 휘둘리는 대로 관계 속으로 발을 들여놓은 것이다. 주관도 없고 사람 관계에서 겉돌지 않으려고 눈치 보며 지내다 보니 점점 관계가 발전하며 발목이 잡혀버린 것이다. 그때 내가 방황하지 않고 나를 바로 세워 다른 사람들에게 눈치 보며 의지하려 하지 않았더라면, 이 관계는 성립이 안 되었을지도 모른다.

'친구는 제2의 자신이다.'라는 아리스토텔레스의 명언이 있다. 끼리끼리 만난다는 것을 극적으로 표현하고 있다. 나는 그때 불평, 불만, 시샘, 원망으로 얼룩져 있었기에 비슷한 사람들과 관계를 맺게 된 것이다.

내가 반듯하고 세상을 평온하게 보고 있었더라면 어땠을까……. 관계를 돌이킬 수는 없다. 관계의 한복판에 서 있고, 끊을 수 없는 상황에 있기에 내가 감내해가야 할 부분이다.

글쓰기를 하며 마음을 다잡았다. 하늘이 내게 원치 않는 관계를 맺게 한 것은 더욱 큰 배움을 얻으라는 의미로 받아들였다. 괴롭게 하는 인간관계를 생각지도 못한 다른 관점에서 짚어보며 배움을 얻었다는 데에 만족하기로 했다.

내 행실에 따라 관계는 맺어지는 것이다. 나 자신이 평온하고, 행복하고, 발전적으로 세상을 살아가고자 한다면, 분명 내 옆엔 인생에 도움을 주는 친구들을 만날 수 있을 것이다. 긍정적이고 밝은 에너지를 가진 친구들을 만나면 내 인생도 밝아질 것이다. 나 자신이 불행하면, 어둡고 부정적인 친구를 만나 가랑비에 옷 젖듯 더욱더 물들어가게 될 것이다.

글쓰기를 통해 얻은 또 하나의 배움은 나의 잘못들을 깨닫고 인정할 수 있게 된다는 거다. 일상에서 번번이 이루어지는 신랑과 나의 다툼 속의 화에 대해 글을 쓰다 보면, 상대는 잘못이 없음에도 짜증으로 인한 분노를 상대에게 이유도 없이 분출하고 있음을 알게 된다. 화의 원인은 상대라고 책임을 전가하고 있다는 것도 깨닫게 된다.

최근에 일어난 에피소드가 있다. 아이의 보육료를 토요일에 결제하는 날이 있었다. 아이사랑카드를 신랑 명의로 발급받았기에 내가 결제할 때 불편함이 있었다. 편하게 인터넷이나 앱으로 결제할 수가 없어, 2년 넘게 ARS로 카드번호와 신랑의 주민등록번호를 눌러가며 결제를 했었다. 그날따라 생각난 김에 처리하고 싶었다. 토요일이라 신랑도 있으니, 신랑과 아이가 노는 틈에 후다닥 처리하면 되겠다 싶었다. 마음이 조급해져서 서둘렀다.

마음이 급한 나머지 카드를 꺼내 카드번호조차 보기 귀찮아서 휴대폰에 저장해둔 카드번호와 신랑의 주민등록번호를 보며 하기로 했다. 여러 가지 이유로 4번 정도 실패했다. 카드번호를 잘못 입력했다거나, 카드번호를 확인하는 틈에 ARS가 꺼지거나 했다. 점점 나의 짜증은 극에 달했다. 카드를 꺼내고 확인하며 천천히 입력하면 되는데, 이상하게 오기가 생기며 열을 내기 시작했다. 신랑이 슬금슬금 내 옆에 와선 말없이 지켜본다. 그러다 신랑이 말했다.

"왜 그래? 내가 결제해줄까?"

라고 하는 순간! 나의 짜증은 온전히 신랑에게 뿌려졌고 모든 원인 제공자는 신랑이 되었다.

"짜증 나게 카드를 왜 여보 명의로 만들어서 나를 불편하게 하는 거야? 왜 여보가 만들었어?"

터무니없는 말이 나왔다. 카드를 만든 시절 맞벌이하고 있었고, 일할 때 핸드폰을 잘 보지 못하는 나를 배려해서 신랑이 내 승낙 하에 여기저기 알아보고 만든 것인데, 이제 와서 그걸 가지고 딴지를 걸고 있는 것이었다.

너무 열이 받아 신랑 앞에서

"으악!" 하며 소리까지 질렀다.

신랑이 더 건들면 나는 완전히 폭발할 것만 같아. "더는 나 건들지 마!"라고 말했다. 신랑은 중얼중얼하며 자리를 피했다. 모든 게 신랑 탓이었다. 그때는 신랑이 왜 자기 명의로 카드를 만들어서 나를 힘들게 하는 건지 신랑이 원망스럽고 밉다는 생각이 머리에 가득했다. 그의 잘못이 아닌데도, 그의 잘못이었다. 그 후에 부부관계에 대한 책을 읽으며 이 일을 되돌아보게 되었다. 정말 부끄러웠다.

책을 읽고 리뷰를 쓰는데 문득 다른 깨달음이 왔다. 그 상황에서 신랑의 감정이 어땠을지 짚어보게 된 것이다. 신랑도 어이없는 내 모습에 화가 났음에도, 애써 참으며 내 말에 맞받아치지 않으려 노력했다는 걸 알게 된다. 하긴 그때 신랑까지 화를 냈다면 부부싸움은 커졌을 것이다. 그러나 신랑은 참아주었다. 글쓰기를 하면 할수록 신랑의 감정을 간접적으로나마 느낄 수 있었다.

이랬겠구나. 그땐 너무 화가 나서 깨닫지 못했다. 아니 알고 싶지도 않았다. 그저 내 분노로 얼룩진 토요일 아침을 보내게 되었다는 것을 기억할 뿐이었다. 그 상황에서 신랑의 노력은 글쓰기를 통해 뒤늦게 알 수 있었다. 이 사실을 뒤늦게 깨닫자 신랑에게 진심으로 사과를 했다. 이처럼 글쓰기는 내가 깨닫지 못했던 부분을 짚어주었다.

마치 청소하다가 구석에 숨겨져 발견할 수 없던 쓰레기나 물건을 발견하는 거처럼 말이다. 글쓰기는 내 행동의 잘못, 나로 인해 맺어진 불필요한 인간관계 등의 문제의 핵심을 다른 시각에서 바라볼 수 있게 도와주었다. 그로 인해 되돌아보고 나의 잘못을 인정하며 매듭지을 수 있도록 해주었다.

만약 글쓰기를 안 했다면 깨달을 수 있었을까? 글쓰기를 통해 과거의 행실들을 좇다 보면 미처 깨닫지 못했던 부분들이 있었다. 글을 쓸수록 깨닫게 되었고, 그로 인한 배움을 소화할 수 있었다. 과거의 근심, 걱정, 행동, 잘못들을 되짚어보면 오히려 큰 교훈을 얻기도 한다. 그로 인해 나는 더욱 성장한다.

마음이 치유되다

글쓰기의 가장 큰 효과는 마음이 치유되는 것이다. 글쓰기를 하다 보면 어느 순간 마음이 평온해짐을 느낀다. 덤덤히 내 마음의 글을 그 누구의 의식도 배제한 채 쓰다 보면 진정한 나와 만날 수 있다.

이 순간이 놀랍다. 이 순간에 평온이라는 친구가 내게 노크하기 시작한다. 덤덤히 글쓰기를 하며 자신과 조우하다 보면 내가 가지고 있는 상처, 고민, 현실의 벽들이 덤덤히 받아들여지게 된다.

큰 문젯거리라고 생각하던 것들이 있었다. 문젯거리들을 글로 쓰니, 대부분이 큰 문젯거리가 아님을 깨닫게 될 때도 많았다. 답은 뻔히 정해져 있는데, 애써 외면하며 다른 답을 찾고 있는 나를 발견하기도 했다. 정말 놀라운 일이었다.

무수히 많은 글쓰기 관련 책에서도 공통으로 하는 말처럼 나 또한 글쓰기로 나를 치유하고 있었다. 그저 글을 쓸 뿐인데, 마음의 치유를 하게 된다는 것은 참으로 신기한 일이다. 아마 내 모든 진심을 말할 대상이 생겨서일지도 모른다. 한 점도 빠짐없이 진심을 분출함으로써, 홀가분해짐과 함께 문제를 객관적으로 보게 되는 것은 아닐까? 거짓 없이 모든 것을 공유할 수 있는 사람이 주위에 누가 있는가? 신랑? 가족? 친구? 그들에게 내 모든 진심을 말할 수 있나?

분명 모든 것을 말하기에는 한계가 있다. 점점 나이가 들수록 부모님께는 걱정 끼쳐드리지 않고자 웬만해서는 안 좋은 일로 연락을 안 하게 되고, 좋은 소식만 전하고자 한다.

만약 너무 힘들고 기댈 곳이 없어서 내 문제들을 주위 사람들에게 말한다고 한들, 냉담한 반응에 상처를 입어 오히려 입을 다물게 되기도 한다.

'너만 힘드냐? 나도 힘들다.'

'에게! 그거 가지고 힘들다고 하는 건 아닌 거 같다.' '응.그래. 힘내.'

진지하게 문제를 받아들이지 않는 상대방으로 인해 오히려 상처를 받게 된다. 믿었던 그들이기에 내가 가지고 있는 심오한 문제를 어렵게 언급했음에도, 상대는 '나는 더 해~ 나는 있잖아~' 이러고 자기 말하기 바빴다.

그 순간 나는 문을 닫아버렸다. 친하다고 생각하는 이들에게 말을 했음에도, 진지하게 받아들이지 않고, 내 말을 귓등으로 듣는 모습들을 보며, 다신 내 속 이야기를 하지 않겠노라고 마음의 문을 단단히 잠가버렸다. 그리곤 혼자 끙끙 앓아갔다. 그 누구도 내 문제에 답을 주지 않았고, 줄 사람도 없었다.

어쩌다 만난 책으로 인해 내 마음은 조금씩 풀렸고, 글쓰기를 하며 문제의 답들을 조금씩 풀어나가며 치유해나갈 수 있었다. 나와 대화할 때는 상처를 받는 일이 없었다.

내 안의 상처들을 끄집어내면, 공감과 격려를 해주었고, 문제의 본질을 지적해주기도 했다. 나를 가장 잘 아는 사람은 부모님도 신랑도 아니다. 나 자신이다. 어릴 적부터 내 모든 감정을 오롯이 느낀 건 나다. 신랑도 부모님도 모르는 내 모습들이 있다. 미처 나도 깨닫지 못한 모습들……. 글을 쓰며 자신과 대화를 하다 보면, 신기하게도 내가 미처 깨닫지 못한 다른 점을 발견하기도 한다.

나는 내가 글쓰기를 좋아하는지 몰랐다. 글을 쓴다는 자체가 스트레스로 와 닿았다. 그러나 자신과 이야기 하다 보니, 글쓰기를 좋아하는 또 다른 나를 발견하게 되었다. 누구의 방해도, 시선도 느끼지 않은 채 온전히 나를 위해 글 쓰는 것은 숨통을 틔워주는 일과 같았다. 글쓰기를 하다 보면 미처 깨닫지 못했던 상처와 아픔들에 직면하게 되기도 한다.

자신과 손을 맞잡고 깨달은 문제들을 정면으로 응시하다 보면, 상처와 아픔들은 차차 누그러진다. 있는 그대로 받아들이는 데서 치유가 시작되는 거 같다. 있는 그대로 인정해야 그 문제를 포용하는 힘을 얻게 된다. 만약 문제를 무시하고 외면한다면 그 순간은 지나가겠지만 아픔과 상처는 점점 뿌리를 내려 더욱 단단한 아픔 나무로 자라 나를 더욱 괴롭힐 것이다.

문제를 내 어깨에 올려놓은 사람은 나고, 그것을 내려놓을 사람도 나 자신이다. 내가 행동해야 문제가 마무리된다. 질질 떠안고 있다고 해결되지 않는다. 상처와 아픔은 잠시 숨어있을 뿐……. 시련을 이겨내는 여정에 길동무가 있는 것만으로도 힘을 얻을 수 있다.

글쓰기의 치유란, 나와 세심하고 진지하고 진심 어린 대화를 하며 일어나는 반응이라고 생각한다. 글쓰기를 통해, 몰랐던 나 자신과 대화를 하며 점차 서로 알아가기 시작한다.

마음이 평온해지면, 세상을 바라보는 시각도 평온해지게 된다. 엄청나게 큰 분노를 느껴, 나를 주체할 수 없을 때, 자신에게 어떠한 글이라도 한번 써 보자.

그러면 신기하게도 큰 분노는 점차 가라앉게 된다. 글쓰기를 통해, 그 사건의 본질과 내가 화난 부분을 짚어내면서 나 또한 문제가 있었으며, 예민하게 받아들였음을 깨닫게 된다. 그 순간 나의 화는 수그러들고, 인정하게 된다. 이처럼 글쓰기는 객관적인 시각으로 되짚어보게 하고, 문제의 핵심과 나의 잘못 또한 지적해준다. 그것들을 인정하고 포용하면 평온한 내가 된다. 이런 경험들을 해보고 싶지만, 정작 어떻게 글쓰기를 시작해야 할지 모르겠다면!

무슨 이야기를 적을까 고민하지도 말고, 아무 말이나 끄적이다 보면, 어느 순간 나에게 글을 쓰고 있을 것이다. 여러분도 꼭 경험해보길 바란다. 경험을 통해 자신과 대화하는 체험을 하게 되면, 점점 그 맛에 빠져들게 된다.

나는 고등학교 때부터 가끔 글을 썼었다. 그 시절엔 싸이월드가 한창 인기를 끌고 있었다. 마음이 울적하고, 힘들고, 화나고, 슬럼프가 올 때마다 싸이월드에 비공개로 글을 적고, 털고 일어났었다.

그때는 슬픔과 아픔들을 이겨내는 에너지를 받는 게 그저 좋고 의지가 되어 글쓰기를 했다. 아쉬운 건 그때 글쓰기의 효과를 미처 깨닫지 못했기에, 힘들 때만 글을 쓰는 것에 그쳤다는 것이다. 글쓰기에 관련한 거의 모든 책에서 글쓰기는 조금이라도 매일 하는 거라고 했다.

지금의 나는 매일매일 글쓰기를 한다. 본격적인 글쓰기를 시작한 지 얼마 되지 않았지만, 안 하면 마음이 헛헛하다. 내 속에 찌꺼기들이 쌓이는 거 마냥 답답하고, 생각들도 뒤죽박죽 엉켜 버린다.

그러나 글쓰기가 힘들고 스트레스 받는 행위라면, 나처럼 힘들거나 슬플 때만이라도 글쓰기를 하다 보면 분명히 마음의 평온해짐을 경험하게 될 것이고, 그러다 보면 점점 글쓰기를 가까이하게 될 것이다.

글을 쓰며 불필요한 생각, 감정들을 하나하나 정리하여, 쓰레기봉투에 모아

담고 매듭을 지어 버려야 한다. 그럼 홀가분해지며 평온해진다. 글쓰기로 자기 자신을 만나 대화를 해나가길 바란다. 자신에게 응원이나 격려, 칭찬 등을 해 본 적이 있는가? 진심으로 자신을 사랑한 적이 있는가?

우리는 자신을 사랑하기 위해 노력해야 한다. 지금까지 자신을 칭찬하기보단, 자책하고 원망하는 일들이 더 많지 않았던가? 그럴수록 더 작아지고 의기소침해지는 자신을 보게 되며, 점점 내 자존감은 땅을 파고 저 깊숙한 곳으로 숨게 된다. 이젠 나를 사랑하며 다독여 주고, 그 시너지로 더 나은 내가 되도록 노력해야 한다.

인생은 길지 않다. 한 번뿐인 인생, 불행을 밥 먹듯 하며, 그 자리 그대로 한 걸음도 나아가지 못한 채 평생을 우물 안에서 살고 싶은가? 글쓰기를 통해 또 다른 나를 알아가고, 마음의 평온함을 얻어, 세상도 평온한 시각으로 바라볼 수 있게 되길 기도한다. 우리 모두 글쓰기를 통해 더욱 도약하는 사람이 되길 진심으로 응원한다.

언제 시간이 이렇게 됐지?

글쓰기를 하다 보면 나도 모르게 시간이 훌쩍 가 있다. 30분도 안 된 거 같은데, 시계를 보면 어느새 1시간이 훌쩍 넘어있다. 그만큼 글쓰기는 몰입을 가져온다. 나 자신과의 대화가 몰입될 정도로 진행된다는 것은 참으로 긍정적이다. 대화를 하면 할수록 억눌려 있던 응어리들이 계속해서 나올지도 모른다.

미처 깨닫지 못한 심연 깊숙이 숨어 있던 응어리들을 대면할 때면 놀라기도 하겠지만, 측은 해진다. 이런 아픔까지 떠안고 살았을 나를 인제야 알아봐 줬다는 게 미안하다.

대체 나 자신을 얼마나 간과하며 살았나……. 누구를 위해 살았던 것일까……. 질문들은 두둥실 떠다니다 글쓰기로 인해 나와 포옹을 하며 사라진다. 아직 어딘가에 착 들러붙어 나타나지 못한 상처들은 살살 긁어내며, 어루만져준다.

내 안에 고이 묻어 두었던, 상처와 걱정, 두려움, 비참함 등은 얼마나 숨어 있는 것인지 가늠이 안 된다. 그래서 계속해서 찾아내서 어루만져주어야 한다. 나 역시 아직도 진행형이고, 아마 이 과정은 평생 이루어질 것이다.

내가 살아가고 있기에, 내 안의 나도 같이 살아가며, 많은 감정을 느끼고 살아갈 것이기에, 평생토록 나와의 대화는 끝나선 안 된다. 상처와 아픔이 쌓이지 않도록 매일 나를 돌아보며 체크를 해줘야 한다.

산더미처럼 쌓여 있던 응어리들을 어렵게 정리한 후에는, 더는 쌓이지 않도록 좀 더 부지런히 나를 돌봐주자. 독서와 글쓰기를 하다 보면 어떤 일에 대한 걱정, 두려움, 불안, 불평……. 등의 감정들은 부질없는 것임을 깨닫게 된다.

나 자신과의 대화에 몰입하는 게 더 중요하다. 걱정, 두려움, 불안, 불평을 수없이 떠안고 살았지만, 내게 득이 되었나? 돌아오는 건 불행한 일상의 반복뿐이었다. 부정적인 감정으로 나를 소모해서는 안 된다. 또한, 불필요한 것들로 시간을 낭비하지 않길 바란다. 시간이 안 간다고 무료함을 달래려 목적도 없이 핸드폰을 끄적이며, 쇼핑하고, 다른 이들의 삶을 엿보고, 봤던 기사를 또 보고, 읽을거리도 없는 기사들의 제목을 반복적으로 훑어보지 말자.

내가 그전에 이랬다. 공허함을 달래려 시도 때도 없이 볼 것도 없는 핸드폰을 끄적였다. 그렇다고 시간이 훌쩍 지나 있지도 않고, 하면 할수록 무료하고 더욱 공허해졌다. 쇼핑하다 보면 사지도 못할 그림의 떡으로 인해 착잡해지고, 다른 이들의 삶을 엿보다 보면, 그와 나의 삶의 거리를 체감하며 우울해지고, 봤던 기사를 또 보고, 읽을거리도 없는 기사들의 제목을 훑어볼 때면 어찌나 무료한지, 할 짓이 이렇게도 없나 싶었다. 이런 행동들은 나를 더 우울하게 만들었다. 오히려 이런 시간에 내게 몰입하며, 마음을 단단히 해보자.

시간은 누구에게나 똑같이 주어진다. 공평하게 주어지는 시간을 보람차게 보내도록 하자. 우리가 사는 목적은 행복하기 위해서이므로, 나를 더욱 행복하게 해 줄 수 있는 행동을 하며 보내보자.

독서와 글쓰기를 통해 내 마음을 위로하고 공감해주고 어루만져주자. 독서로 인해 배움과 교훈은 얻게 될 것이고, 글쓰기는 그것들을 나 자신에게 직접 전달하며, 영혼으로 뿌리내릴 수 있도록 도와줄 것이다. 어쩔 땐 더욱 황홀한 깨달음을 안겨주기도 할 것이다. 독서 후에 따로 사색하지 않은 한은 내 것으로 흡수되지 않고 둥둥 떠다니다 사라지고 만다. 내 것으로 흡수하고자 하면 글쓰기는 필수다. 그럴수록 풍성한 열매를 거두는 나무들이 하나둘 늘어나고 성장해 갈 것이다.

글쓰기를 하는 동안엔 불필요한 생각들이 침입하질 못한다. 나에게 집중하며 나는 나와 하나가 된다. 주위에 소리도 들리지 않는다. 내 모든 신경은 글쓰기에 연결된다. 내가 놓치고 있는 마음의 소리가 있는 건 아닌지 주의 깊게 둘러본다.

글을 적고, 되짚어 읽어나가다 보면, 또 다른 할 이야기가 생겨난다. 처음엔 A4용지 하나를 채우기도 벅찬데, 점차 채우게 되는 나를 만나게 된다. 글쓰기에 적응했음을 알 수 있는 순간이다. 처음엔 어렵고, 어색하더라도 꾸준히 적어나가길 바란다. 어느 순간엔 안 하면 오히려 공허함을 느껴 적어야만 풀리게 되는 날이 올 것이다. 나 자신에게 몰입하며, 불필요한 생각들은 멀리하고, 내게 직접적인 에너지가 되는 글쓰기를 꼭 하길 바란다. 분명 도움이 될 것이다.

난 누구냐고 묻는 내 자존감에게

넌 누구니? 난 나 자신이 기억이 잘 나질 않는다. 무엇을 좋아하던 사람이었고, 어떤 열정이 있었던 사람이었는지 잊어버렸다. 나를 이끌어줬던 삶의 원동력들은 무엇이었는지 까마득하다.

'난 대체 누굴까?'

나 자신과 하루하루 숨 쉬며 같이 살아가고 있는데도 모르겠다. 나를 잃어버리기 시작한 건 20대의 찬란하던 꿈의 여정을 포기하면서부터 시작되었던 거 같다.

거창하진 않지만, 작지도 않았던 명확한 꿈. 그 꿈을 손에서 놓는 동시에 나 자신도 놓아버린 듯하다. 이 일로 삶에서 꿈의 유무가 얼마나 큰 영향을 주는지 알게 되었다. 꼭 큰 꿈이 아니더라도, 삶의 원동력이 되어주는 작고 소박한 꿈이라도 있어야 한다고 생각하게 되었다. 꿈이 나를 지탱해주는 것은 분명한 듯하다.

내가 20대에 꿨던 꿈은 엄청나게 큰 것도 아니었다. 그저 무대 영상 분야와 뮤직비디오 분야에서 나만의 스타일로 멋지게 일하고 인정받는 것이었다. 나이를 먹으면 영상 관련 학원을 차리는 게 꿈의 종착점이었다.

아무리 힘들더라도 포기하지 않았다. 할 수 있다고 믿으며, 꿈을 향해 한발 한발 나아갔다. 10년 가까이 삶의 원동력이 되어줬던 꿈이 상실되자 삶의 기둥이 모두 뿌리 뽑힌 거처럼 횅했다. 나는 기둥으로 인해 생긴 큰 구멍 속으로 빨려 들어가고 말았다. 그 구멍 속은 어둡고, 축축하고, 추웠다. 여긴 어디고, 난 누구지? 나 자신조차 분간할 수 없었다.

내가 어느 쪽으로 가야 하는지도 알 수 없었다. 삶의 기둥이 너무 그리웠다. 남은 인생은 어떤 기둥을 쌓으며 살아가야 할지 막막했다. 그때부터 나는 갈피를 잡지 못한 채 방황하기 시작했다. 숨을 쉬고 있으니, 그저 살았다. 나의 근본이 되었던 빛나던 자존감의 기둥은 그렇게 점차 잊혀 갔다. 자신을 잃고 지낸 시간이 쌓일수록, 점점 나약해지고, 삶을 가볍게 여기는 또 다른 나를 만나기 시작했다.

'인생 뭐 있냐? 그냥 이렇게 살지 뭐…….'

삶의 기둥이 되던 꿈 하나가 사라졌을 뿐인데, 마음 상태는 엄청나게 변하기 시작했다. 꿈이 있던 시절엔 삶을 가볍게 보는 일이 단 한 번도 없었다. 꿈을 향해 달려가기도 바빴다. 꿈이 없는 시절엔 모든 걸 체념한 채 시간이 흐르는 대로 미끄러져 갔다. 상처투성이인 채로 드러눕고 말았을 때, 이렇게 살 순 없다는 희미한 목소리가 어디선가 들려왔다. 무슨 꿈이든 꿔야 한다는 강박관념이 서서히 생겨나기 시작했다.

무엇을 꿈으로 삼아야 할까? 처음엔 20대의 꿈에 대항할만한 번듯한 직업을 가져야 한다고 생각했다. 내 상황에서 최선으로 번듯한 직업은 무엇이 있을까? 누가 들어도 '오~ 그렇구나.' 라고 생각하는 직업을 찾기 시작했다.

내 적성과 성격에도 맞는 직업들이 무엇이 있을까 고민하였다. 간호사가 되고 싶었다. 내 성격과 적성에도 잘 맞을 거 같았다. 일단 내 선택이 맞을지 알아보기 위해, 간호조무사로 먼저 일을 해본다. 간호조무사 학원도 다니고 실습도 다니며, 병원에서 간호사들을 유심히 보기 시작했다. 보면 볼수록 너무 멋있어 보였다.

간호사라는 타이틀이 탐이 났다. 대졸자 전형으로 간호대에 입학하고자 여기저기 알아보기 시작할 즈음에, 지금의 신랑과 결혼 이야기가 나오게 된다. 간호대에 입학하게 되면, 서울 안에 대학은 어려우므로, 고향인 제주도에 있는 학교로 다닐 생각이었다. 간호사의 길을 선택하면, 3~4년은 제주도에서 지내야 함을 알기에, 지금의 신랑과의 헤어짐도 마음의 준비를 해야만 했다.

간호사인가, 사랑인가……. 선택의 기로에 놓이게 된다. 간호사라는 무모한 도전을 하려 하는 건 아닌지 머뭇거려졌다. 27살에 간호대에 입학하면, 30~31살에 졸업을 한다. 간호사가 되자고, 지금의 신랑과 위태로운 관계가 되고 싶진 않았다.

그래서 나는 신랑을 선택했다. 후회하진 않는다. 그때의 나는 결혼을 하고 학비가 충족되면 늦게라도 도전하면 될 거라고 생각했다. 결혼하고 엄마라는 직책이 생기면서 삶의 한계들이 하나둘 생겨나기 시작했다. 빚이 생기며 여윳돈은 없었고, 간호대에 입학한다 해도 아이를 대학교 수업시간에 맞춰 맡길만한 데도 없어, 간호사라는 꿈은 점점 미루어진다. 미루어질수록 애간장이 탔다. 이렇게 지연되면 안 된다고 생각했지만, 돈과 상황이 받쳐주지 못해 절망스러웠다.

4~5년 동안 간호사의 꿈을 놓지 못하고 있었다. 근데 어느 날 문득 내 마음은

내게 말했다. 이제 꿈에서 손을 놓아야 한다고, 거창하진 않지만 단란한 가정을 이루고 입에 풀칠하지 않고 사는 삶도 행복한 거라고 했다. 그 순간 마음이 평온해졌다. 오르지도 못할 나무를 하염없이 쳐다보는 내가 보였다. 간호사가 되고자 했던 이유를 깊이 되짚어 보았다.

간호사가 되고 싶었던 것은 타인의 시선에서 인정받고 싶었던 것임을 깨닫게 되었다. 나는 그 동안 타인에게 보여지는 꿈을 꾸고 있었던 것이다. 인정하고 미련을 버리니, 마음이 후련하고 평온해졌다.

그러나 한 쪽 마음은 여전히 공허했다. 그렇다면 어떠한 꿈으로 채워줘야 할까……. 삶의 기둥이 될만한 꿈이 어떤 것이 있을지 나는 또 고민하기 시작한다. 내게 주어진 상황 속에서도 할 수 있는 꿈은 어떤 것이 있을까? 지혜로운 엄마나 사랑스러운 아내, 아니면 빚 청산? 그 무엇도 나를 충족시켜주지 못했다. 삶의 기둥을 잃어버리니, 나 자신이 누구인지조차 헷갈렸다. 나는 누구고, 살아가야 하는 이유는 대체 무엇인지 끝없는 질문의 연속이었다. 자존감이라는 든든한 방어벽이 사라지며 상처투성이인 위태로운 존재가 현실의 풍파를 정면으로 맞게 되니 사는 게 더욱 힘겨웠다.

어느 날 운명처럼 나를 일으켜 세워준 한 권의 책을 만나고, 그 계기로 독서의 세계에 빠지고, 마지막엔 글쓰기의 세계로 인도를 받아 나를 치유하지 않았다면, 여기저기 상처투성이인 채 끝도 없는 나락으로 더욱 더 떨어져선 절대로 일어날 수 없는 지경이 되고 말았을 것이다.

그러나 책과 글쓰기로 조금씩 나를 치유하게 되자 놀라운 일이 벌어졌다. 오랫동안 깊게 생긴 상처들이 순식간에 치료가 되기 시작한 것이다. 장장 7년 동안 어둠 속에 갇혀 있던 나를, 한 달도 안 된 시간에 세상이라는 빛으로 나오게 한 것이다. 그 순간 허무했다. 7년이란 시간 동안 난 뭘 한 거지? 이렇게 쉽게 해결될 걸 질질 끌고 있었던 건가? 그 힘이 얼마나 강력한지 직접 느껴봐야 한다. 나 또한 독서와 글쓰기의 힘을 알지도 못했고, 알았다고 해도 간과했다.

'그깟 게 뭐라고 나를 일으켜 세워.'

그러나 그로 인해 일어났다. 자존감의 상처들에 약을 바르고, 툭툭 털고 일어나 걸어가기 시작했다. 그 꿈의 종착점이 어딘진 모르겠지만, 제자리에 안주하지 않고, 어디든 일단 나아가보자는 생각이 들기 시작한 것이다. 그 순간이 얼마나 경이로운지 모른다. 나로 살기 위해 스스로 숨을 쉬기 시작했으니까……. 이 힘을 유지하기 위해 독서와 글쓰기를 생활화하고 있다.

독서에서 배움을 얻었다면, 그 배움을 소화하기 위해 글을 쓴다. 배움이 내 안에서 자리를 잡는 것을 느낄 수 있다. 글을 쓰는 동안엔 독서로 얻지 못했던 또 다른 배움과 깨달음을 얻게 되는 경우도 있는데, 이럴 땐 주위에서 폭죽이 마구마구 터진다. 얼마나 아름답고 황홀한 빛깔과 모양으로 폭죽이 터지는지 모른다. 만약 여러분도 나와 같이 끝도 알 수 없는 어둠 속에서 이리저리 상처 입으며 방황하고 있다면, 독서와 글쓰기를 꼭 해보길 바란다. 독서는 내 잘못된 생각을 깨닫게 하여 바로잡아 준다면, 글쓰기는 나 자신과의 대화로 내게 맞는 더 나은 방법과 생각을 정리해주고 방향 제시를 해줄 것이다. 개인적으로는 둘 다 중요하지만 글쓰기가 자존감을 더욱 다듬어주는 거 같다.

글쓰기의 힘은 내 이름을 걸고, 몇 번을 강조해도 지나치지 않다. 독서를 하며 정신을 차린 지 얼마 지나지 않았을 때 자존감이란 단어를 검색한 적이 있다. 자존감이란, 자신에 대한 존엄성이 타인들의 외적인 인정이나 칭찬에 의한 것이 아니라 자신 내부의 성숙한 사고와 가치에 의해 얻어지는 개인의 의식을 말한다. 검색 후 크게 와닿지 않고, 의미가 두둥실 먼발치에 떠 있듯, 거리감이 있었다.

그러나 여러 책을 읽으며, 자존감에 대해 명확히 깨닫기 시작했다. 쉽게 말해 자존감이란 나를 내면적으로 사랑하는 힘이다. 자신을 사랑하면 자존감은 자연스럽게 올라간다. 자존감이 충족되면 어디서도 자기 주관대로 당당하게 우뚝 서 있는 나를 만날 수 있다.

한때 자존감과 자신감이 같은 의미라고 생각한 적이 있다. 그러나 자존감이 빠진 자신감은 연기에 불과하다. 나를 사랑하지 않은 채 남들보다 우위에 서 있는 나를 보며 으스대며 강해졌다고 생각한다면, 언젠간 진심으로 행복하지 않다고 느끼다 본인 스스로 지쳐서 쓰러지고 말 것이다. 자신감과 자존감은 엄연히 다른 것이다. 자존감은 나를 내면적으로 사랑하는 힘이고, 자존심은 남들보다 우위에 섰을 때 얻는 힘이다. 자신감이 없더라도, 자존감이 충족되면, 자연스레 자신감을 올라가게 되어있다.

우린 자존감을 잘 훈련해야 한다. 그 방법은 자기 자신과 대화를 충분히 하며, 나를 알아간다면 충족이 될 것이다. 글쓰기를 통해 자신을 보듬어 주고, 독려하고, 공감하고 있는 그대로를 인정해보자. 그러면 자존감이 점점 강해질 것이다. 주위에 글쓰기를 통해 다른 삶을 살기 시작했다는 사람들은 무수히도 많다. 그런 분들도 글쓰기를 통해 자신과 진심으로 만나며, 더욱 건강한 자존감을 키워냈을 것이다. 타인의 시선에 신경 쓰지 말고, 나에게 모든 시선을 집중시키자. 억지로 자신을 꾸밀 필요는 없다.

타인의 시선으로부터 자유로워지자. 내가 중요하게 생각하는 것을 진행하고, 그것을 비난하는 사람이 있다면 굳이 신경 쓸 필요가 없다. 내가 좋으면 그만이다. 그들이 나를 비난하고 험담하더라도 어쩌란 말이냐. 욕하면 욕해라. 나는 내가 더 중요하다. 나를 존중하지 않고, 비난하는 그들은 한때 지나가는 바람이다. 가장 중요한 건 나 자신임을 우린 절대로 잊어선 안 된다.

나의 글쓰기 방식

내가 계속 글쓰기를 독려하고 있는데, 막상 어떻게 시작하면 좋을지 막막해 하는 분들이 계실 거 같아 내 방식을 공유하고자 한다.

근데 특별한 방법이 있거나 공식이 있는 건 아니다. 아주 특별한 노하우를 기대하고 계셨던 분들에게는 죄송하지만, 거창한 노하우나 공식 같은 것은 없다.

글쓰기에는 특별한 방식이 없다. 내가 알려드리고자 하는 내용이 다소 일반적인 것이라 실망하실지도 모르겠다. 그렇지만! 나 외에도 다른 이들 역시 같은 내용을 강조한다면, 그건 일반적인 내용일지라도 정말 핵심 중의 핵심 노하우일 것이다. 내가 생각하기엔 무엇보다 가장 중요한 것은 글쓰기와 친해지는 것이고, 거부감이 들면 안 된다는 것이다.

글은 적고 싶은데, 어렵게 느껴지고, 논리정연하게 적어야 할 거 같아 부담

되어 머뭇거리고 있다면!

일단 적어라! 무슨 소재든 상관없다. 지금 글쓰기가 어렵게 느껴진다면, '나는 글쓰기가 어렵다. 무엇을 적어야 할지 모르겠다.' 라고 적어 나가기 시작하면 된다.

무엇을 적을지 고민하며 머뭇거릴 필요가 없다. 그저 책상에 앉아서 일기를 쓰듯 내 마음 상태를 진솔하게 적어나가면 된다. 필기구를 이용해 적기 귀찮다면, 컴퓨터를 이용해서 적거나, 핸드폰을 이용해 적어나가면 된다. 반드시 필기구로 글을 적어야 하는 건 아니다. 내가 가장 가까이 접할 수 있고, 편하게 느껴지는 수단들을 이용하면 된다.

나 또한 컴퓨터와 핸드폰을 주로 사용한다. 필기구를 이용해서 글을 쓴 건 손에 꼽는다. 악필이고, 글을 적을 때 힘을 가하며 적는 스타일이라, 어느 정도 적다 보면 어깨와 손이 피곤해진다. 필기구를 이용해 글을 적었다면, 글 쓰는 게 귀찮고 부담스럽게 느껴져 가까이하려 하지 않았을 것이다.

지금 세상은 구시대적이지 않다. 새로운 시대에 맞춰 주어진 수단들을 이용하면 된다. 나는 주로 컴퓨터를 이용하는데, 컴퓨터로 쓰기 귀찮을 때가 종종 있다. 컴퓨터까지 가서 전원을 켜고, 기다리는 거조차 귀찮게 느껴지는 날이면, 내 옆에 항상 맴돌고 있는 핸드폰을 이용해서 끄적거린다. 핸드폰으로 적기 힘들다면, 블루투스 키보드를 연결해서 적을 수도 있다. 화면이 작아 답답하다면 태블릿을 사용하면 된다.

정말 편한 세상에 살고 있어 얼마나 감사한지 모른다. 핸드폰으로 적고 있으면, 컴퓨터에서 적을 때와 크게 다르지 않다. 자세가 불편하면, 누웠다가, 엎드렸다 하며, 편한 자세를 취하며 적는 글쓰기는 정말 천국이다.

글은 쓰고 싶은데 귀찮을 때, 시간이 없을 때, 당장 글을 쓰고 싶을 때는 항상 옆에 있는 핸드폰을 적극적으로 이용하길 바란다.

무슨 말이든 짧게라도 적어가면, 평온해진 나를 만나게 될 것이다. 이건 정말 보장한다! 한 줄이라도 쓰고, 안 쓰고의 마음 상태는 엄청나다. 아무도 보지 않는 나만의 비밀스러운 글이므로, 마음 놓고 자유롭게 쓰면 된다. 논리정연한 형식, 맞춤법 등은 신경 쓸 필요가 없다. 글쓰기에 거부감이 들고 어려움을 느끼게 하는 것들을 모두 배제한 채 무작정 적어나가면 된다.

나도 하는데, 여러분들도 할 수 있다. 내 글쓰기의 시작은 고등학교 때부터다. 한창 인터넷이 시작될 때였고, 싸이월드 붐이 일어날 때였다. 싸이월드를 내 집 방문하듯 매일, 시간 되는 대로 들리고, 친구와의 사진, 내가 찍은 사진 등을 올리며 알게 모르게 글쓰기를 접하기 시작했다. 그저 무언갈 올리는 자체가 즐거움이었다. 친구와 재밌게 논 사진, 이쁘게 나온 스티커 사진 등등을 올려 자랑하고 싶은 마음도 강해서, 아주 부지런히 올려댔었다. 이 계기로 나는 싸이월드와 아주 친해졌고, 일상의 기록도 자연스럽게 하게 되었다.

그 시기 싸이월드에 빠지지 않았던 사람은 극히 드물 것이다. 밥 먹듯 일상의 기록을 적어나가다 보니, 글 쓰는 게 어렵지 않고, 부담스러운 것도 아니며, 오히려 재미가 있다는 것을 알게 되었다.

그러다 너무나 힘들고, 지칠 때가 있었다. 비공개로 거짓 한 점 없이 모든 감정을 쏟아냈었다. 놀랍게도 글을 쓰고 난 후 너무나도 후련하고 평온해진 나를 만나게 되었다. 그 순간부터 나는 힘들 때면 글쓰기를 하였다. 누구에게 하소연하고 상담하고 위로 받는 것 보다, 나 자신에게 솔직하게 글을 적어나가는 게 더욱 큰 위로가 되었다. 고등학교 때부터 힘들 때 마다 간간이 썼던 글쓰기로 인해 지금까지 글쓰기를 지속할 수 있는 바탕을 마련해주었다고 생각한다.

본격적으로 글쓰기를 매일매일 하게 된 게 불과 반년도 되지 않는다.

여태 간과하고 있던 글쓰기의 중요성을 알게 되었고, 어렵지 않게 시작할 수 있었다. 한 달 동안 속상한 일로 글을 쓴 게 최소 5개라 치면, 1년에 60번을 쓰는 것이고, 10년 동안 했다면 600번을 쓰는 것이다. 이렇게 계산하니, 사뭇 느낌이 다르다. 절대로 가벼운 행동이 아니다.

지금은 인스타그램, 페이스북, 블로그 시대다. 계정이 없는 사람은 아마 없을 것이다. 잠들어 있는 계정들을 깨워 본인의 일상을 올리는 것부터 시작해보자. 글쓰기라는 행위 자체를 편하고, 쉽고, 재미있다고 받아들이면 된다. 일상의 기록들을 적어나가다 보면, 어느 순간 나 자신에게 글을 쓰고 있는 나를 만나게 될 가능성이 높아질 것이다.

매일 쓰기가 부담스럽고 스트레스를 받는다면, 한 달에 최소 5번만이라도 적어보며, 글쓰기를 지속하길 바란다. 그럼 어느 순간 나처럼 본격적인 글쓰기의 세계에 입성하게 될 것이다. 내 노하우가 별 것 없어 실망했을지도 모르지만, 이게 진짜 글쓰기다. 글쓰기는 어려운 게 아니다. 글쓰기의 가장 중요한 핵심은! 쉽고, 편하고, 진솔하게 쓰면 되는 것이다. 이것만 해결된다면, 여러분은 어렵지 않게 글쓰기를 즐기는 나 자신을 만나게 될 것이다. 꼭 시도해보길 바란다. 또한, 글을 쓰면 쓸수록 나 자신을 인정하고 사랑하게 될 것이다.

제5장
나로 다시 살기 시작하다

모든 것은 타이밍!

인생에는 타이밍이란 것이 정말 존재 하는 거 같다. 20대때와 비슷하게 이번에도 내게 일어나는 모든 일이 맞춰진 계획처럼 하나하나 들어맞고, 타이밍이 맞는 신기한 경험을 하고 있다.

내가 일을 그만둔 순간부터 숨통을 트이게 해주는 일들이 조금씩 조금씩 모이기 시작했고, 나를 변화시켜 줄 책들을 만나게 되었다. 그 책들로 인해 독서와 글쓰기의 참맛도 깨닫게 되었다. 전업주부가 된 시점부터 둘째 낳기 전까지 나를 위한 시간을 최대한 갖으라는 하늘의 계시인 것만 같다.

여러분들이 봤을 땐, 별 것 아닌 일로 여겨질지도 모른다. 그러나 작은 일들이 하나하나 눈앞에서 이루어지고, 또 다른 기회들이 다가올 때마다 기쁘면서도 신기했다.

모든 시작은 생각지도 못한 전업주부가 되면서 시작되었다. 아이와 연관된 좋지 못한 일로 급작스럽게 일을 그만두게 되긴 했지만, 그때부터 내겐 좋은 일들이 계속해서 이어졌다.

한 달도 안 돼서 부천으로 이사도 신속하게 이루어졌고, 이사 후 정리될 때쯤엔, 걸어서 5분도 안 되는 거리의 어린이집에 타이밍 좋게 한자리가 딱 나서 오랜 기다림 없이 입소하는 행운도 맛봤다. 정말 굉장한 타이밍이었다. 애 엄마들은 알 것이다. 어린이집 입소가 오래 걸리면 몇 달 이상은 기다려야 한다는 걸……. 아이와 잘 맞는 담임선생님을 만나, 별 탈 없이 적응도 잘 했다. 그러면서 조금씩 내 시간이 생기기 시작했다.

둘째도 계획한 대로 이즈음에 생겼다. 돌이켜 생각해보면 신랑이 이직하기 전에 둘째 계획을 잘 잡은 듯하다. 12월부터 새로운 회사로 이직한 신랑은 평일 저녁 11시나 돼야 집에 귀가했다. 주말에도 출근하는 경우가 다반사……. 너무나도 바빠진 신랑을 보니 안쓰럽다.

둘째 계획을 12월 이후로 미뤘으면 바빠진 신랑으로 인해 점점 지연되었을 것이다. 전업주부가 되고 어린이집 입소 전까지 아이와 단둘이 온종일 지냈던 석 달이란 시간은 나 자신과 외로운 전쟁으로 지독한 육아의 현실을 몸소 체감하게 되었다. 당장이라도 일하러 뛰쳐나가고 싶었다. 온종일 육아에 치이다 보니, 마음은 점점 피폐해졌다. 나를 달래려 책을 찾고 또 찾다가 내 인생의 한 권의 책을 만나게 된다. 그로 인해, 나는 위기를 넘기며 변하기 시작했다.

결정적인 시기에 운명처럼 삶의 끈과도 같은 한 권의 책을 만나니 심장이 주체가 안 될 정도로 어찌나 흥분되던지 지금 다시 그 순간을 회상하니, 가슴이 뜨거워진다. 숨을 쉬고 있음에도 갑갑했던 마음은 창문을 연 듯 환기가 되어 갔다. 책 한 권으로 사람이 변하기도 한다는 걸 몸소 경험하며 나는 나 자신을 있는 그대로 받아들이게 되었고, 차차 마음이 평온해지게 되었다.

걱정과 불평만 하다 하루를 보내지 않고, 부정적인 생각을 할 시간에 책을 읽으며 나를 단련시켜 나가기 시작했다. 그리곤 본격적인 독서의 세계로 접어들게 된다. 다행히 이 시기에 책을 읽으며 내가 찾던 질문의 답을 희미하게나마 알아갈 수 있었다.

오랫동안 방황하며 질문하던, '행복이란 뭘까? 왜 사는 건가?' 등의 답의 실마리를 잡으니 마음이 점차 충만해지기 시작했다. 이 여운으로 오늘의 소중함을 느끼며 살아야 함을 깨달았고, 노력하기 시작했다.

독서를 하고, 블로그에 리뷰를 하나하나 올리기 시작했다. 하나둘 채워질 때의 기분이란 그럴싸하다. 블로그에도 점차 애정을 갖고, 소소하게나마 나의 일상들을 적기 시작했다. 얼마 후에 있을 내 생일날에는 핸드폰을 갤럭시 S8+ 로 바꾸고 싶었다. 아이로 인해 힘든 순간들도 짬 시간을 이용한 글쓰기를 통해 마음이 다스려지는 것을 경험하면서 그 시간을 활용하고 싶어졌기 때문이다.

이왕 쓰는 거 화면도 크고, 키보드 커버도 있는 핸드폰이 간절히 갖고 싶어진 것이다. 너무 고맙게도 신랑은 거금을 들여, 핸드폰을 바꿔준다. 이 계기로 행복한 내가 되어, 행복한 가정을 꾸려야겠다고 다짐했다. 이젠 글쓰기의 환경도 완벽하게 갖추어지게 되었다. 시간이 없으면 핸드폰을 이용하고, 시간이 되면 노트북을 이용하면 된다. 내겐 점점 추진력이 생기기 시작했다. 나를 다독이며, 격려해나가기 시작했다.

무소득 전업주부로 지낸 게 6개월쯤 되자, 내 비상금도 조금씩 바닥을 보이기 시작했다. 조금이라도 수익이 있는 아르바이트를 하고 싶었다. 근데 임신 중이라 일반적인 아르바이트는 힘들기에, 전 직장 동료에게 정보를 받아 체험단과 서포터즈 일이 있다는 것을 알게 되었다. 전 직장 동료는 애가 셋인데 아이가 다 클 때까지 모니터 요원과 서포터즈 일로 7년간 활동했다고 했다. 아기 키우는 동안 탁월한 돈벌이가 되었단다. 임신 중에라도 가능한 일들이 있으니 알아보라는 말에 바로 알아보기 시작했다.

내 눈에 처음 들어온 체험단 모집 글은 '영○○ 세마디 영어' 였다. 미션에 맞게 후기를 작성하여 블로그에 올리면 되는 일이었는데, 우수 체험단이 되면 신세계 상품권 오만 원권을 준단다. 우수 체험단이 못되어도, 기본 미션이라도 완료하면 신세계 상품권 만 원권을 준다니 바로 신청했다.

은근히 많은 경쟁자 중에 초짜인 내가 선정될지 불안했다. 근데 선정이 됐다. 처음으로 하는 체험단 활동이기에 정말 열심히 했다. 어차피 영어 공부라 내게도 도움이 되어, 예상치 못한 유익한 시간을 보냈다.

열심히 활동한 덕에 우수 체험단으로 선정되어 신세계 상품권 오만 원권을 획득했다. 정말 감격스러웠다. 전업주부가 되고, 내가 할 수 있는 한도 내에서도 노력하니 돈이 벌어지는 것이다.

정말 좋은 세상이다! 인터넷의 발달로 집에서 내가 원하는 시간에 짧게나마 성실히 활동하면 돈을 벌 수 있다니! 정말 놀라운 세상 아닌가? 옛날 같으면 상상도 못 할 일이다.

그리곤 두 번째로 '현대 H○ 서포터즈'에 신청을 해본다. 유명한 서포터즈 활동이기에 모집 글이 기재된 순간 굉장히도 많은 사람이 신청을 한다. 나 또한 반신반의하며 지원을 해본다.

내 블로그 주소 등등 기재하는 칸이 있는데, 분명 파워블로거인 사람들도 많이 지원했을 거로 생각하니, 보잘것없는 내 블로그로 인해 의기소침해졌고, 선정될 거라는 희망도 비우게 되었다. 내가 담당자라도 파워블로거로 홍보 활동이 유리한 사람들을 뽑을 거라 생각됐다.

되면 되고 말면 말지란 생각으로 지내다 서포터즈 발표일이 다가왔다. 생각지도 못하게 선정되었다는 문자가 떡 하니 날라온다. 믿어지지 않아, 몇 번이

나 문자를 읽었는지 모른다. 정말 기뻤다. 얼마 되진 않지만, 무소득인 내겐 만 원, 이만 원도 너~무~나~도 큰 금액이기에 적은 금액이라도 벌어 생활비에 보탤 수 있다고 생각하니, 매우 기뻐서 신랑에게 자랑했다.

그 후에는 체험단으로 활동했던 '세○○ 영어'에서 1년 자유 이용권 공동구매 이벤트로 한 그룹에 30명이 모이면, 1년+1년 해서 9,900원에 2년 동안 강의를 들을 수 있는 이벤트가 있는 것을 발견하여 잽싸게 신청했다.

체험단으로 '세○○ 영어'를 들은 거였지만, 들으면 들을수록 마음에 들어, 더 듣고는 싶었다. 체험 기간이 끝나고 더는 들을 수 없는 상황에서, 이런 이벤트가 진행되는 걸 알게 되어 신청했다.

내가 신청할 때는 우리 그룹 신청 인원이 2명이던데 하루가 지나서 보니 벌써 30명이 채워져서 미션 완료가 돼 있었다. 기분 좋게 9,900원을 결제했고, 2년 동안 마음 편히 영어 회화강의를 들을 수 있게 됐다.

얼마 지나지 않아 나를 변화시킬 한 권의 책을 또 만났다. 그 책으로 인해 글쓰기의 큰 영향력을 깨닫게 된다. 과거부터 힘들 때마다 마음을 달래려고 썼던 글쓰기의 힘을 경험하면서도 간과하고 있었는데, 이 책을 읽으며 명확한 글쓰기의 큰 효과를 알 수 있게 되었다.

이 책을 계기로 힘들 때만이 아닌 평소에도 나 자신을 위한 글쓰기를 해나가기 시작했다. 다행히도 힘들 때마다 마음을 달래려고 썼던 것이 글쓰기를 알게 모르게 지속하게 하는 바탕을 이루고 있었기에 어렵지 않게 해나갈 수 있었다. 그로 인해 나를 치유하고 나 자신과 대화할 수 있는 시간을 갖게 되었다. 그리고 아직 확실하진 않지만, 아동수당 제도가 시작된다. 워킹맘이든, 전업주부든 한 가정에 0~5세 (6세 생일 전월까지 최대 72개월) 아동마다 매달 10만 원씩 지원해주는 제도이다. 내가 딱 둘째 출산할 때부터 지원받게 되는구나. 그럼 첫째, 둘째 다 지원받으면, 20만 원이 들어온다. 감격스럽다. 뭐가 이렇게도 술술 풀리는지 모르겠다.

원치 않던 전업주부가 된 지 반년도 안된 상황인데, 모든 일이 술술 풀리고 있다. 꿈에서나 꿀 수 있던 엄연한 내 시간도 갖게 되었고, 작지만 생활비에 보탤 수 있는 일들도 내게 주어졌다. 정말 감사하다. 이 시기를 보람 있게 보내라는 무언의 메시지가 마구마구 뿌려지고 있는 것만 같다. 좋지 않은 일로 급작스럽게 일을 그만두게 되었지만, 이 계기로 나는 책과 글쓰기의 매력과 힘을 깨닫게 되었다.

책과 글쓰기의 매력을 느낀 이후부터 자그마한 기회라도 생기면 잡으려는 추진력이 생기게 되었다. 그 자그마한 것들이 점점 모이니, 눈에 보이고 내 삶에도 도움이 되었다.

이제 둘째 출산까지 5개월 반이라는 기간이 남아 있다. 둘째 낳고는 한동안 지금의 생활은 누릴 수 없을 것이다. 아마 아이들이 커 갈 때까지 온전히 주어진 지금과 같은 자유시간은 더는 없을지도 모른다. 나는 내게 남아 있는 5개월 반 동안 목숨 걸고 독서와 글쓰기를 맘껏 즐기려고 발악 중이다.

이건 내게 주어진 하늘의 기회가 분명하다! 난 이 시기를 목숨 걸고 즐기기 위해, 많이 모자라고 글쓰기 소질도 턱없이 부족하지만, 책을 출간하자는 다부진 도전도 하게 된 것이다. 평범한 사람이라도 간절히 원하는 것을 위해 노력하게 된다면, 그런 순간순간의 노력이 쌓이고 쌓여, 무언가가 이루어지게 된다고 생각한다. 내가 경험하고 있으니, 여러분도 용기를 내길 바란다. 여러분도 분명 순간순간의 타이밍을 만날 수 있을 것이다.

나처럼 계속해서 무언가가 이루어지는 타이밍이 아닐지라도, 책과 글쓰기를 통해 나를 변화시키는 그 순간부터가 타이밍의 시작일 수도 있다. 그 책으로 인해, 도약을 위한 첫발을 내딛게 될 거라 믿는다. 책과 글쓰기는 나를 발전시키면 시켰지, 퇴보를 시키진 않는다. 절대 배신하지 않을 것이다.

나 또한 도약을 위한 첫발은 독서를 하며 시작되었으니까……. 독서를 하다 보면, 나를 변화시키고 도약해나가는 순간순간의 타이밍들이 어느 순간 내 앞에 다가옴을 느낄 수 있을 것이다. 간절히 무언가를 원하고 노력한다면, 타이밍은 반드시 생긴다고 믿는다. 나의 20대에도 간절하고 명확한 꿈을 이루기 위해 부단히도 노력했던 2~3년이라는 기간에 정말 많은 타이밍으로 기회를 얻어, 영광스러운 일들이 펼쳐졌던 거처럼 말이다.

30대에 와서도 간절하고 명확한 목표가 생기니, 생각지도 못한 타이밍들로 인해 얻어진 기회들이 나를 기다리고 있었다. 꼭 타이밍이라고 해서 거창하게 무언가가 현실적으로 이루어지는 것만은 아닐 것이다. 책과 내가 진심으로 만나는 타이밍도 있다. 책을 펼쳤을 때 책이 진심으로 내 마음에 손 내밀고, 나도 진심으로 책에 마음을 내미는 타이밍 말이다.

인생 책을 만나는 것도 타이밍인 거 같다. 진정으로 내게 주어진 질문의 갈증을 해소하고자 하는 타이밍과 책이 내게 진정한 배움을 주려 하는 타이밍, 그 타이밍으로 인해 우리는 변화될 수 있다.

둘째 낳고는 두 아이를 키우고 어느 정도 크면 다시 워킹맘의 전선으로 나가서 정신없는 생활을 하겠지만. 그때도 나는 틈틈이 독서와 글쓰기, 책 출간의 도전을 이어나갈 것이다. 만약 계속 일하고 있었다면, 내 인생의 한 권의 책을 만나고, 독서의 세계로 빠져들 수 있었을까?

아마 어려웠을 것이다. 워킹맘 시절엔 출근하고 하루하루 마무리하기도 벅찼기에 나를 돌이켜볼 시간을 갖는다는 건 생각할 수 없는 사치였다. 가지려 해도 방해요소가 많았으므로, 지금까지 살았던 대로 하루의 무게를 힘겹게 짊어진 채 위태롭게 지내고 있을 것이다.

이 자리를 빌려서 워킹맘들께 응원을 해드리고 싶다. 특히나 자기 자신도 잃은 채 숨 막히는 현실을 살아가고 있을 어린 자녀를 둔 워킹맘들을 생각하니 마음이 아프다. 그리고 죄송스럽다. 전업주부가 된 지금의 나는 비로소 나를 찾아가게 되었지만, 현실의 벽으로 인해 한계가 있는 워킹맘들께 무어라 말씀드려야 할지 모르겠다.

자기만의 시간을 가지라고 해도, 힘든 걸 안다. 출퇴근 시간만이라도 독서를 하며 마음을 치유하길 바란다. 나도 워킹맘 시절 시간이 없음에도, 출퇴근 시간에 공감과 위로를 주는 책들로 버텼다. 출퇴근 시간이 길지 않더라도, 잠깐이라도 갖는 위로의 글들을 읽으며, 힘내시길 바란다. 다시 한번 워킹맘들 화이팅! 워킹맘 시절을 회상하니, 지금 이 순간이 더욱 소중히 여겨진다.

이 시기는 하늘이 내게 주신 절호의 기회니까, 난 눈에 불을 켜고 계속해서 진정한 나를 찾고, 삶의 의미들을 곱씹고 곱씹는 여정을 뼈를 깎는 심정으로 계속해서 몸부림칠 것이다. 여러분도 독서와 글쓰기의 여정을 나와 함께 하며 타이밍이 오는 순간들을 맛보길 기도해본다. 분명 경험할 수 있다. 평범하고 보잘것없는 내가 경험했으니, 여러분도 만날 수 있다! 용기를 얻길 바란다!

나의 든든한 지원군!
알리미 앱아! 같이 잘해보자!

알라미 앱아 안녕? 오늘 너로 인해 실패를 거듭하던 일찍 일어나기에 다시 성공할 수 있었어! 정말 고맙다! 네가 있어 너무 든든해! 워킹맘 시절에도 평소보다 한 시간 일찍 일어나고자 발악하던 시절이 있었지……. 핸드폰의 기본 알람으로는 뜻대로 일어나지 못해, 나 자신에게 얼마나 많은 자책을 했는지……. 너는 기억하니?

그때 너를 알게 되면서, 나는 그다음 날부터 일찍 일어나기에 무조건 성공했잖아. 내가 설정해 놓은 사진을 찍어야 알람을 끌 수 있기에! 알람이 울리는 동안엔 핸드폰을 끌 수 없도록 설정할 수 있기에! 일어날 수밖에 없는 환경을 만들어주어서 일어날 수가 있었잖아. 근데 전업주부가 되어, 다시 시작한 일찍 일어나기의 거듭된 실패는 2018년2월 말부터 시작됐어.

2017년11월 중순부터 2018년2월 중순까지 잘 해왔던 일찍 일어나기를 실패하기 시작한 거야. 실패의 시간이 1주일이 넘어가기 시작하자 왠지 모를 삶의 공허함과 허무함, 자신에 대한 자책과 자기비하를 점점 하게 됐지.

'휴……. 오늘도 못 일어났네?! 역시 난 안되나 봐…….'

꿈도 조금씩 멀어지는 듯 했고 부정적인 생각도 들기 시작했지. 긍정적인 자신감도 조금씩 빠져나가고 있었어. 1시간 일찍 일어나 시간을 갖고 안 갖고의 차이는 내 감정에 엄청난 영향을 끼친다는 걸 이번 일을 계기로 명확히 알게 되었어! 마치 신성한 기운을 내 몸에 담고, 안 담고의 차이랄까. 평일 아이를 어린이집에 보내고 나서 생기는 시간도 꿀맛이었지만, 누구의 방해도 받지 않는 새벽 시간은 차원이 달라.

계속된 실패로 마음이 점점 불안해지고 바람 빠진 풍선처럼 마음의 표지판이 넘어지려 할 때, 문득 네가 다시 생각이 나서 지푸라기라도 잡는 심정으로 어제 부랴부랴 깔았지. 그랬더니 역시나 오늘 일찍 일어나기에 성공할 수 있었어! 너무나 기쁜 마음에 너에게 편지를 쓰고 있어. 정말 네가 있어 든든하다. 알람음도 내가 제일 좋아하는 노래로 설정해서, 그 노래를 들으며 일어날 거야.

이번 일주일은 5시 반에 일어나고, 계속 성공한다면, 30분 더 일찍 조정해서 5시에 일어나야겠어. 근데 사실 일찍 일어나 뿌듯하게 시간을 갖더래도 해가 밝아올 무렵이면 잠을 아예 못 잔 사람처럼 머리가 멍하고 졸리기도 해.

그래서 일찍 일어나기에 대한 망설임이 생기기도 하지만, 까짓것 일찍 일어나 신성한 기운을 받고 낮에 졸리면 그때 잠깐 자지 뭐~ 사실 낮엔 주위의 많은 방해를 받잖아. 그로 인해 내 행동에 집중이 안되기도 해. 그래서 그 시간보단 누구의 방해도 받지 않는 새벽 시간이 내겐 가장 중요하고, 소중한 시간임을 깨달았기에 낮에 잠깐 자더라도, 나는 계속 새벽 시간을 즐길 거야!

오롯한 내 시간! 을 말이야! 일찍 일어나기에 계속 성공하고 있던 어느 날 새벽, 잠에서 잠깐 깬 신랑이 나를 보며 말하더라.

"또 일어났어?! 대단하다 대단해! 근데 왜 그렇게 힘들게 일어나려 발악해~ 미쳤다! 미쳤어. 편안하게 충분히 잠자지. 왜 자기 자신을 괴롭혀. 안자면 피곤하잖아. 난 진짜 못한다. 못해."

그래서 나는 신랑에게 이렇게 말했어.

"둘째 태어나기 전까지, 5개월 반 정도가 남았어. 이렇게 새벽에 일어나 나만의 시간을 갖고, 낮엔 아이 어린이집 보내고 즐기는 나만의 시간이 두 아이를 다 키울 동안 마지막으로 주어지는 기회의 시간일지도 몰라! 그게 지금 5개월 반이야! 나는 절대로 이 시간을 이래저래 놀며 보낼 순 없어! 이런 소중한 시간이 언제 다시 오겠어?! 그래서 난 하루하루! 일분일초가 너무나도 소중해!" 라고 말을 했지. 그랬더니, 납득을 하더군. "하긴 그렇겠다. 그래도 너무 무리는 하지 마."라고 말하며 다시 잠을 자더라고.

그리곤 나 자신에게 다짐했어.

'난 이 기회의 시간을 잘 활용해서 나를 더욱 높은 단계에 올려놓고, 습관을 만들어 안 하면 미칠 정도로 단련해 놓을 거야! 그렇게 한다면, 둘째를 낳고 힘들더라도, 새벽에 일어나는 습관은 지속할 수 있지 않을까? 잠은 죽어서 자자고! 내 인생의 시간은 무한하지 않아! 이런 시간도 지속되지 않아! 내게 꿈이 생긴 이후부터는 1분 1초가 너무나 소중해!' 라고 말이야.

오늘부터 너를 매일 애용할 거야. 어쩜 평생 애용할지도 모르지. 내 꿈에 도달할 수 있도록 나와 같은 배에 타준 네가 너무나도 고맙다! 든든한 지원군이 있어, 나는 너무나도 든든해! 정말이야! 앞으로도 잘 부탁해!

하루하루가 새롭다

독서와 글쓰기를 접하면서 하루하루가 새롭다. 무기력한 일상에 활력소를 찾아주었다. 똑같이 반복되던 일상에 독서라는 수단은 매일 다른 내용을 전하며 재미와 교훈을 전해 주었다.

'오늘은 어떤 내용일까? 어떤 배움을 얻게 될까? 이야기는 어떻게 진행될까?'

마치 드라마의 다음 편을 고대하듯 매일 아침을 기다리게 되었다. 일찍 일어나기 힘들던 나는 어느새 스스로 깨어났다. 어서 일어나 새로운 내용을 접하고 싶었다. 어쩔 땐 너무나도 좋은 배움을 놓칠까 봐 새벽 일찍 일어나 필사를 하기도 했다. 끝도 없는 밑줄들을 필사할 때면 고달프기도 했지만, 하나하나 조목조목 되짚고, 곱씹으며 정리해나갔다. 한번 읽더라도 정리를 통해 두 번 읽는 효과를 안겨주었다. 독서를 시작한 날부터 매일 즐거웠다. 우울하고 부정적인 생각들이 몰려오려고 하면 부리나케 책을 집어 들었다. 점점 부정적인 생각에서 멀어지기 시작했고, 긍정적이고 담담한 마음으로 살아가고자 노력하는 내가 우뚝 서 있었다.

매일 매일 글쓰기를 할 때면 그날의 에피소드들이 생길 때마다 바로 글을 쓰고 싶어 안달이 나기도 했다. 보잘것없이 느껴지던 내 일상에도 자그마한 에피소드들이 있었으며, 그 안에 행복이 숨겨져 있다는 걸 알게 되었다. 아이와 있었던 일, 내가 경험한 일, 가족 간에 있었던 일, 지인과 있었던 일……. 그 모든 상황을 무심히 지나친다면 깨닫지 못하고 날아갈 숨은 행복들……. 그럴수록 글쓰기와 더욱 가까워지게 되었다. 시간이 안 되면 그날의 추억을 간단히 메모해뒀다가 몰아서 블로그에 올리기도 했다.

기록을 남기지 않으면 빛나는 순간들은 잊히게 된다. 얼마나 안타까운가. 하나하나 내 기억에 고이 모셔두기도 모자란데 놓치고 살 수는 없다. 요새 블로그나 싸이월드, 카카오스토리 등등에서 투데이 히스토리와 같은 서비스를 제공하고 있다. 과거 같은 시기에 어떤 추억들이 있었는지 알려준다. 그럴 때마다 생각지도 못한 선물을 받은 거처럼 마음이 훈훈해진다. 잊고 있던 추억을 되찾았다는 자체가 엄청난 선물임은 틀림없다.

시간이 지나 과거의 기록들을 보면 마음이 따뜻해진다. 까마득히 잊고 있던 옛 추억을 끄집어내면, 내게도 이런 일이 있었고 이런 상황도 있었구나 하며 배움을 얻는 경우도 있었다. 우리의 한순간의 일상이 보잘것없이 느껴지더라도 먼 훗날 내겐 힘이 되고 위로가 되고 배움으로 돌아올 수도 있다. 그래서 난 오늘도 추억거리들을 붙잡고자 열심히 일상들을 적어나가고 있다. 내가 좋아했던 것들도, 봤던 영화들도, 읽었던 책들도 기억에서 끄집어낼 수 있었다.

'내가 언제 이런 영화를 봤고, 책을 봤고, 음악을 들었었지?'

나의 일상을 잘 기록해뒀기에, 과거의 나와 만날 수 있는 것이다. 새로운 과거를 만날수록 오늘 하루하루의 새로움은 더욱 빛난다. 과거의 기록으로 훈훈해진 마음은 지금을 소중히 여길 수 있도록 힘을 나눠주었다.

여러분도 일상의 기록들을 잘 해나가길 바란다. 문득문득 옛 추억들을 끄집어내다 보면, 생각지도 못한 값진 보물들을 찾을 수 있을 것이다. 우린 하루하루 살아가기도 벅차므로, 잊고 지내는 기억들이 많다. 요새 나는 하루 전 일도 기억이 안 날 때도 많다. 분명 어제 어떤 일이 있었고, 아이가 내게 어떤 애교를 피웠었는지, 아무리 기억하려 해도, 기억이 나지 않을 때면 속상하다. 분명 기억하고 싶어 했던 순간들임에도 벌써 잊혔다는 게 슬프다. 그래서 틈만 나면 사진을 찍고, 간단히 메모라도 남겨 놓는다. 이건 분명 내게 재산이 될 소중한 보물이다. 추억으로 인해 자극을 받기도 한다. 그 추억으로 인해 배움과 애틋한 과거를 느낄 때면, 더 열심히 살아야겠다는 생각이 들기도 한다. 독서와 글쓰기는 내게 많은 보물을 안겨 주었다. 여러 가지 자극으로 인해 새로운 하루를 보낼 수 있음에 감사한다.

새벽 시간의 소중함

내겐 너무나도 소중한 새벽. 누구의 방해도 받지 않는 온전한 나만의 시간! 타자 소리만 들리다가 신랑 코 고는 소리도 들리고 자세히 들어보면 아이의 숨소리도 들린다. 온전히 나의 공간이며 나만을 위한 시간이다. 미치도록 그리운 나만의 시간을 만날 때마다 감개무량하다. 이 시간으로 나는 나를 충전시킨다. 내게 있어 최고의 보약은 새벽 시간이다. 새벽의 경이로움을 내 몸에 입히며, 하루를 시작할 수 있도록 새벽 분위기에 취해본다.

이 시간이 없다면 난 하루를 버텨 낼 수 있을까? 일찍 일어나 새벽을 즐기다 보면 동이 뜰 때쯤 머리가 멍해지곤 하지만 내게 발악하며 진한 커피 한잔을 내려 마셔본다.

'4~5시간 자면 됐지! 뭘 더 자려 그래! 정 피곤하다면 낮잠을 자고, 아니면 하루 몰아서 자면 되지 뭐~' 일상에서의 소중한 새벽 시간을 피곤하다는 이유로 포기할 순 없다. 새벽 시간은 한 차원 높게 나와 만나는 행위이기 때문이다. 정말 소중한 나의 새벽 시간이니까. 어떻게 설명해도 내 마음을 다 표현할 수 없다.

신랑은 일찍 일어나는 나를 보며 신기하다고 한다. 생각해보면, 대학 생활 4년 동안 밤새우는 것을 밥 먹듯 했다. 특히 대학교 3학년 때, 학교 작업실에 들어가 새벽까지 작업하다 졸리면 책상 아래 마련된 간이침대에 누워 잠깐 눈을 붙이고 새벽에 일어나 작업하다 수업 가곤 했었다. 그 시간이 내게 영향을 줄 진 몰랐다. 알게 모르게, 새벽 습관이 몸에 배게 되어 일찍 일어나는 것이 힘들지가 않다.

그로 인해 마음만 먹으면 충분히 일찍 일어날 수 있다. 새벽에 일어나 경건한 시간 속에 나를 온전히 맡기고 내게 집중하며 느끼는 희열과 환희를 알기에 절대로 포기할 수가 없다.

둘째를 출산하면 한동안은 불규칙한 잠으로, 나만의 새벽 시간이 갖추어질 진 모르겠지만, 그때도 발악하며, 시간을 만들어 볼 것이다.

그런데 두렵긴 하다. 새벽 시간을 갖지 못할 가능성이 높음을 알기에 눈앞이 캄캄하다. 그 시기엔 나를 어떻게 충전시키고, 온갖 스트레스와 부정적인 감정들은 어떻게 몰아낼지 걱정이 앞선다.

새벽 시간이 온갖 스트레스와 부정적인 감정들을 씹어 삼켜줬던 게 애타게 그리울 것만 같다. 과연 나는 숨을 쉴 수 있을까? 숨을 쉬다가도 몰아 쉬며 한 숨 쉬기 바쁠지도 모른다. 새벽 시간을 보내지 않았던 과거를 회상해보았다. 아침부터 불평, 불만, 피곤함을 떠안고 세상을 원망하며 시작했던 하루들이 떠오른다. 정확한 이유도 모른 채 몸과 마음은 너무나도 무겁기만 했다. 출근하는 발걸음도 터벅터벅 걷기 일 수였다. 하루하루 똑같은 일상이 숨 막히도록 지겹기만 했다. 내 마음을 제어도 못 시키며, 부정적인 감정에 휘둘리며 하루를 보냈었다.

그러나 새벽 시간을 보내는 지금은 너무나도 평온하다. 아침에 일어나는 것도 피곤하지 않고, 몸과 마음은 한없이 가볍다. 오히려 새벽 시간이 기다려진다. 지독한 육아와 살림에 찌들다 보면, 내일의 새벽이 너무나도 기다려진다.

어서 새벽을 맞이하며 나를 리셋하고 싶다는 갈증이 심해진다. 새벽에 일어나 전날 쌓여 있던 부정적인 모든 감정을 떨쳐내고 싶다는 욕구가 강하게 다가온다.

지금을 버티자. 곧 만나는 새벽 시간이란 보약을 마시며, 긍정적인 감정들을 흡수하면 된다고 독려하게 되었다. 둘째를 출산하면 이렇게도 소중한 새벽 시간과 한동안 이별을 해야 하긴 할 것이다. 간간이 만나기는 하겠지만, 들쑥날쑥할 것이다. 오롯한 나를 위한 일상의 새벽은 언제 다시 만날 수 있을지 알 수 없다.

온몸에 힘이 빠진다. 정말 애석하다. 그러나 그 시간을 지나가야 한다. 이 시련을 바탕으로 더욱 성장하리라는 것을 안다. 내게 주어진 억압된 환경에서 쓰러지지 않고 헤쳐나가야 한다. 그렇다면 그 시기들을 어떻게 버틸까를 생각해 보았다.

내겐 독서와 글쓰기가 있다. 새벽을 만끽하지 못하더라도, 틈나는 대로 독서와 글쓰기에 매진하며 지내야겠다. 나는 믿는다. 마음을 다잡아 나갈 수 있다고! 독서와 글쓰기로 감정을 조절하고, 마음을 단단히 하는 법을 알았기 때문에, 나는 숨구멍을 찾을 수 있을 것이다.

새벽 시간을 갖지 못하더라도 이겨내 보자. 이 시기를 계기로 다시 만나는 새벽 시간은 더욱 반가울 것이다. 새벽 시간은 정말 경이롭다. 놀랍도록 내게 집중하는 나를 만나게 된다.

어려운 문제도 새벽에 일어나서 풀면 술술 풀린다. 글이 안 풀리는 날엔 노트북을 덮고, 내일의 새벽을 기다린다. 마법처럼 기대를 저버리지 않고, 다시 만나는 새벽은 어김없이 문제를 풀어준다.

신기하고 신기한 새벽 시간. 지금은 다른 생각 안 하고 내게 주어진 새벽 시간을 온몸으로 느끼며 만끽할 것이다. 잠이 보약이라고 하는 분들도 있다. 체력의 보약은 잠일 수 있지만, 마음의 보약은 잠보단 새벽 시간이다. 몇 번 경험하다 보면 알 수 있다. 그 후론 알아서 일어나게 될 것이다. 마음에 더욱 집중할 수 있는 새벽 시간이 기다려질 것이다.

보잘것없는 내가 좋다

독서와 글쓰기를 하면서 부질없는 허영심과 욕심, 불필요한 감정들을 털어내기 시작했고, 있는 그대로의 현실과 나 자신을 돌아보고 인정하게 되었다. 올라가지 못할 나무를 목 아프게 쳐다보지 않고, 내 앞에 펼쳐진 아름다운 풍경을 바라보게 되었다. 그 풍경 속에 걷고 있는 나는 묵묵히 걸어가며, 앞에 펼쳐진 공기를 들이마시고 있다.

현실을 있는 그대로 인정하자, 세상은 언제 그랬냐는 듯 내게 손 내밀며 대화를 하고 격려와 공감을 해주었다. 과거의 나, 지금의 나, 미래의 나를 모두 좋아하기 시작했다. 과거의 찬란한 꿈을 향해 나아가던 나, 그 꿈을 그리워하며 방황하는 나, 더 나은 미래를 갈망하며 현재를 살지 못하는 나. 모두를 보듬기 시작했다. 혼자만의 아픔 속을 방황하는 모든 나를 위로해주기 시작했다.

독서를 통해 불필요한 욕망을 걷어낼 수 있었고, 글쓰기로 인해 자신과의 진솔한 대화를 하며, 공감하고 격려할 수 있었다. 내 안의 방황의 상처를 꿋꿋하게 대면하니, 그 문제는 덤덤해지기 시작했다.

괜찮다 괜찮아. 그게 무어냐. 그 욕심이 무어냐. 나를 괴롭히는 상처의 덩어리는 무어냐.

독서를 하고 글쓰기를 하면서 질문에 대한 답을 찾아갔고, 훌훌 털어버리게 되었다. 그제서야 비로소 있는 그대로의 나를 보게 되었다. 책 속에선 나보다 더 힘들고, 고통스러워하는 사람들이 있었다. 그 사람들 앞에 나의 문제는 한낱 먼지에 불과할지도 모른다는 생각이 들었다. 광대한 우주의 점과도 같은 내 존재가 가지고 있는, 작디작은 문제의 먼지들……. 나보다 힘든 사람들, 죽음을 맞닥뜨린 사람들, 심한 고통 속을 걷고 있는 사람들 앞에서 내 문제는 명함 한 장 내밀기도 부끄럽고 민망한 별것도 아닌 것이었다.

아픔은 상대적이긴 하다. 내가 느끼는 아픔을 다른 이는 가볍게 느낄 수도 있고, 다른 이가 아파하는 상처가 내겐 가볍게 느껴질 수도 있기 때문이다. 그렇지만상처의 잣대는 비슷하다고 본다. 작은 거라도 아프면 아픈 거다. 죽을 듯이 아픈 것만이 아니고 작더라도 신경 거슬리게 하는 아픔도 아픔이다. 상대방의 아픔을 대면했다. 그들이 간절히 바라는 걸 하고 있는 나를 보니, 부끄럽고 미안했다. 그들이 누리지 못하는 걸 누리고 있는 나인데, 한낱 욕망에 사로잡혀, 잡히지도 않는 미래의 욕심을 향해 목 빠져라, 위태롭게 기다리고 있는 것이었다.

일상의 소중함이라는 것이 얼마나 값비싼 것인지 어떻게 모르고 살 수 있었단 말인가……. 우린 일상의 소중함을 뼛속까지 깨달아야 한다. 아프지 않고 평범한 일상을 별 탈 없이 살아감에 감사해야 한다.

우리는 죽음을 맞닥트린 사람보다 행복이라는 일상을 손에 잡고 있지 않은

가. 소소한 행복도 행복이다. 반드시 무언 갈 쟁취하고 성공해야만 행복이 아니다. 내가 얻고자 했던 물질적인 것을 얻게 된다고 해서 내가 생각했던 행복을 거머쥘 수 있겠느냐는 질문 앞에서 머뭇거리게 된다.

만약 얻고자 하는 걸 얻었는데, 행복은 거기에 있지 않다는 걸 알게 된다면, 어떻게 될까? 내가 생각했던 모든 것들이 허영심에 불과했다는 걸 알게 된다면, 공허함과 허무함의 큰 무게를 어떻게 이겨낼 수 있을까……. 그런 것들은 인생에서 다 부질없는 것임을 알게 될 것이다.

사람은 빈손으로 왔다가 빈손으로 간다. 아무리 재물이 많고, 명예롭고, 권력을 가졌던 이들도, 다른 사람과 다르지 않게 빈손으로 간다. 관 속에는 나 혼자 덩그러니 있을 뿐 내가 가져가는 것이라곤 하나도 없다. 모든 걸 원해서, 얻었지만 죽을 때는 빈손이다. 혼자서 덩그러니 죽음의 강을 건너게 된다. 가지고 가지도 못할 허영심에 초점을 맞추며 인생을 살았다는 게 후회스러울 것이다. 늦은 후회는 돌이킬 수 없다. 이런 결과를 만들지 않기 위해서 우린 노력해야 한다. 모든 것은 내 마음 상태에서 비롯되기에 내 마음 상태를 건강히 하고 어떠한 좌절이 와도 쓰러지지 않는 뿌리 깊은 나무로 성장해나가야 할 것이다. 마음의 나무에서 풍성한 열매를 맺고, 더 풍요롭게 살다 가는 게, 유익하다는 걸 알게 될 것이다. 이런 생각을 하면 할수록 나의 모자람과 아픔들이 내 품에 안기기 시작했고, 있는 그대로의 나를 인정하게 되었다.

'그래그래, 괜찮아. 아픔이 있으니까 사람이야. 내가 너를 위로해줄게.'

아마 내게 가장 필요했던 건 나 자신을 향한 진정한 위로가 아니었나 하는 생각이 들었다. 진정으로 나를 위로해 주고 공감해주고 인정해주는 이를 만나니, 모든 문제는 한낱 먼지에 불과함을 알았다. 그 모든 것을 걷어낸 때 묻지 않은 나 자신과 대면하니, 내가 더 소중하고, 사랑을 줘야 하는 존재라는 것을 깨달았다.

한번 사는 인생, 나를 사랑하며 살자. 나를 제일 잘 아는 사람은 나이며, 그 누구보다 나를 이해하고, 공감하고, 위로해주고, 응원해주는 이도 나 자신이다. 내게 더욱 사랑을 주어, 영양분이 넘치는 존재로 만들어야 한다.

나 자신이 굳건해야 나의 마음 상태도 굳건해진다. 난 내가 좋다. 보잘것없고, 가진 게 많지 않아도, 건강한 마음 상태를 위해 부단히 노력하기 시작한 내가 좋다.

과거엔 찬란한 꿈을 향했던 나.

현재엔 안주하며, 잡히지도 않는 미래를 향해 끝없는 질문을 해대던 나.

미래엔 더 나은 미래만을 갈망하던 나.

그 모든 내가 좋다. 모자라고, 생각 없고, 인생을 대할 때 실수를 많이 했더라도, 그로 인해 지금의 깨달음을 얻지 않았는가.

시련은 그만큼 사람을 성장시킨다. 그 많은 방황의 질문으로 인해 나는 성장할 수 있었다. 답을 찾고자 지루하고 지질하게 묻고 늘어지며, 미련하게 계속 질문을 해대던 과거의 나에게 감사한다.

내 모든 과거의 행동은 나에게 영양분으로 쌓였다. 좋든, 영양가 없든, 모든 것은 쌓이고, 그로 인해, 현재의 내가 만들어지는 것이다. 이왕 만드는 거 좋은 영양가를 먹으며, 건강하게 자라고 싶다. 인생은 한 번뿐이다. 불평, 불만, 욕심에 낭비하는 시간이 없길 바란다. 웃고 살기에도 인생은 짧다. 절대 길다고 생각되지 않는다. 30대까진 진정한 현실을 몰랐다면, 30대 이후엔 현실의 벽을 알게 된다.

나처럼 30대 초반에, 답을 찾았더라도, 인생의 남은 시간은 길어봐야 60년이다. 30대가 쏜살같이 지난 거처럼, 앞으로의 인생 시간은 더 쏜살같이 지나갈 것이다.

친할머니가 살아계실 때의 일화가 있다. 명절날 음식준비로 오랜만에 만난 나와 친척 동생은 20대 중반을 넘겨 후반을 달리고 있었다. 시간 정말 빨리 간다. 좀 있으면 30대가 다가온다. 언제 한 살이 더 먹었냐며, 서로 나이 든다고, 몸도 예전 같지 않다고 점점 늙어가는 거 같다며 수다를 떨고 있었다. 그 옆을 지나가던 친할머니가 우리에게 한마디를 던지며 지나갔다.

"아이고, 50 금방이다! 금방!"

그 이야기를 듣는 순간, 친척 동생과 나는 웃어넘겼지만, 나도 모르게 그 한마디가 뇌리에 박혀 버렸나 보다. 한 살 한 살 먹을수록 그 말이 더욱 생각이 났고, 그 의미를 깨닫게 되었다. 우리보다 한창 연세가 많으셨던 친할머니가 인생의 시간을 한마디로 표현한 것이나 마찬가지인 것이다. 인생 시간은 정말 쏜살같이 가버린다. 지금은 돌아가신 친할머니이지만, 내게 큰 가르침을 주셔서 정말 감사하다. 짧은 인생을 나를 사랑하며 보내자.

나를 사랑하기 시작하자. 내 모든 것이 좋아졌다. 너무나도 둥근 성격도, 의식주 해결하며 부족함 없이 살고 있는 것도, 우리 가족 어디 크게 아프지 않고 지내는 것도, 이쁘진 않지만, 그렇다고 못난이도 아닌 내 얼굴도, 인생의 큰 굴곡을 만나지 않고 살아가는 것도……. 이 모든 것이 얼마나 다행스럽고 감사한지 모른다. 이만하면 괜찮게 사는 것으로 생각하게 되었다. 예전의 나는 나 보다 타인들의 시선에 더 초점을 맞추고 살았다는 것도 알게 되었다.

타인들에게 잘 보이려 노력했던 나.

그럴듯하게 멋지게 살고 있다고 알리고 싶어 했던 나.

'재 멋진 아이야.'라는 말을 들으려 더 나은 내가 되어 보이려, 화장도 옷도 신경을 많이 썼다. 기분전환과 스트레스 해소를 위해 치장을 한 것도 있지만, 깊숙이 들여다보면, 알게 모르게 타인의 시선이 바탕을 이루고 있음을 인식하게 된다. 내가 좋아하는 취향으로 한껏 꾸미고 나갔는데, 상대에게 안 좋은 소리를 듣게 되면, 그 취향 앞에서 머뭇거리는 나를 만나기도 했다.

그렇지만 있는 그대로의 나를 좋아하게 된 지금은 남들이 뭐라고 하든. 내가 좋으면 좋은 거라고 생각하게 되었다. 화장도 기본만 하며 나가기도 하고, 얼굴에 철판 깔고 민낯으로 나가기도 한다.

내 복장이 초라해 보여도 내가 편하고 좋으면 된 거라며 타인의 시선이 밥 먹여주냐며 다그치는 나를 만나게 된다. 타인의 시선보단 내 시선이 더 중요한 것이다. 지금은 내가 편한 대로 살아간다. 누가 뭐라고 하든 나는 나대로 산다. 난 어릴 적부터 내 이름이 좋았다. 박현주라는 이름은 알게 모르게 내게 힘을 줬다. 현주란 평범한 이름이지만, 껍데기를 벗겨 그 의미를 보면, 빛날 현(炫), 기둥 주(柱)라는 뜻을 가지고 있다. 빛나는 기둥이라는 이름이 내 삶을 이끌어주는 가장 밑바닥의 뿌리였을지도 모른다. 빛나는 기둥……. 난 빛날 수 있다. 세상을 빛나게 할 수 있다고 믿는다. 어릴 때부터 세상을 빛나게 해야 한다고 생각했었다. 그래서 더욱 착하고, 바르고, 상대방을 배려하며 살았던 거일지도 모르겠다. 힘들 때도 문득문득 내 이름을 되새겼다. 나는 빛나는 기둥이 될 수 있다고 독려하기도 했다. 이대로 빛도 비추지 못하고 죽을 순 없다고 생각하며, 언젠간 빛나는 기둥이 될 거라는 신념 아래 삶의 끈을 놓지 못했던 건지도 모르겠다. 이렇게 멋진 이름을 지어준 아빠에게 너무나도 감사하다. 내 삶의 깊은 뿌리를 내려주신 게 얼마나 큰 복인지 모른다. 나는 빛나는 기둥이다. 빛나는 기둥을 더욱 빛날 수 있도록 닦고 또 닦을 것이다. 그럼 언젠간 세상에 빛나는 기둥으로 우뚝 서 있는 나를 만나게 될 거라 믿는다. 꼭 거창하게 빛나는 기둥이 아니라, 나로 인해 주위 사람들이 힘을 얻고, 위안을 받는 선한 영향력을 주는 빛나는 기둥이 되고 싶다. 빛나는 기둥이 되고자 부단히 노력하는 내가 참 좋다. 여러분도 평범한 자신을 사랑하고 보듬어 주길 바란다.

글쓰기를 하며 외로운 나를 격려하고, 위로해주면, 어느새 내 마음은 덤덤히 내게 대화를 요청하기 시작할 것이다. 그 대화가 나와 가까워지는 시작이다. 대화를 통해 상대를 조금씩 더 알아가는 것처럼, 우리도 자신에게 말을 걸어 알아가야 한다. 다 알고 있을 거라 생각했던 자신인데, 모르고 지나쳤던 부분이 많다는 것을 알게 될 것이다.

독서와 글쓰기를 만나기 전으로 절대 돌아가지 않을 것이다

나는 절대로 독서와 글쓰기를 만나기 전 상태로 돌아가고 싶지 않다. 부정적인 감정에서 헤어나오지 못한 채 황폐해질 대로 황폐해진 마음을 떠안고 제자리에 멀뚱히 서서 보이지도 않는 앞을 하염없이 바라보기만 하는 나를 다신 만나고 싶지 않다. 다시 그때로 돌아가라고 한다면, 나는 아예 나를 버리겠다고 할 것이다. 치유할 수도 없는 골칫거리는 버리는 게 오히려 나을 테니까…….

그러나 평생 치유할 수 없을 거라 생각했던 내 믿음은 산산이 부서지게 된다. 독서와 글쓰기로 어렵게나마 나 자신이 치유되기 시작한 것이다. 나를 치유하는 느낌이란, 정말 말로 표현이 안 될 정도로 가슴 벅차고 경이로운 일이다. 나를 위해 그 누가 손을 걷어붙이며 치유해 줄 것인가? 독서와 글쓰기로 인해 나 자신이 드디어 손을 걷어붙이고 아픔으로 가득한 마음을 안아주기 시작했다. 그 시작으로 치유의 빛을 보게 된다.

나는 미래를 향해 열심히 달리다가 엎어진다. 다른 이들은 모두 결승선을 향해 자비 없이 앞을 향해 달려가고 있다. 그 순간 나는 갈등한다. 일어서서 달릴지, 포기할지……. 예전의 나였다면, 해도 안 되는데……. 포기하는 게 상처도 받지 않고 오히려 나을 거라 생각하며 쉽게 포기했을 것이다. 그 후론 평생 미련을 가지고 후회 속에서 살며 곱씹다가 인생에게 잘못을 떠넘기게 될 것이다.

'왜 못했지? 그때 다시 일어나서 달렸다면, 지금보단 나았을 거야. 근데 달리기가 문제야. 왜 하필 내게 달리기를 시켜서 나를 이렇게 힘들게 하는 거지?! 굳이 엎어지게 해서 상처는 왜 주는 건데?! 달리기를 하지 않았다면 마음이 덜 아프지 않았을까? 인생이 정말 야속하다 야속해. 너무 한다 정말! 왜 나한테만 이러는 거야?!'

지금까지 살았던 대로 불평, 불만, 억울함을 호소하며 살아갈 테지……. 그렇지만 독서와 글쓰기를 하는 지금의 나는, 나를 일으켜 세워 격려와 독려, 용기를 주며 너는 할 수 있다고 늦지 않았다고, 달리라고 옆에서 진심으로 응원해주는 나 자신을 만나게 되었다.

꼭꼭 숨어서 오랜 시간 보이지도 않던 나 자신이 어느새 슬그머니 나와 자신의 힘을 내게 나누어주는 것이다. 나는 그 힘을 느꼈다! 아주 강하게 느꼈다! 나는 혼자가 아니다! 나는 할 수 있다! 그 과정에서 많은 좌절이 오더라도! 나는 쓰러지지 않고, 나아갈 수 있는 내 최고의 벗인 든든한 나 자신이 옆에 있다는 믿음이 강하게 다가오기 시작했다. 그 순간 다시 일어나 달리기 시작할 것이다. 나 혼자 끙끙댔다면, 절대로 해낼 수 없었을 것이다.

책에서 많은 이들이 내게 용기를 주었고, 아픔을 안아주었다. 상처투성이인 마음을 진심으로 어루만져주는 이를 만났다는 자체부터가 위로가 되었다. 그 누가 뼛속까지 아픈 내 마음을 어루만져 줄 수 있을까? 나와 같은 아픔을 가지고 있거나 차원이 다른 더 큰 아픔을 경험했던 분들일 것이다. 아픔이라는 공통점을 가지고 있기에 내 마음을 더욱 공감해주었다. 그들 앞에서 나의 아픔은 한낱 종이 쪼가리밖에 안 된다는 것을 깨닫는 순간, 신기하게도 아픔들이 사그라지기 시작했다. 나보다 더 힘든 이들도 있는데, 조그마한 아픔 갖고 지금까지 힘들다고 주저앉아 있었다는 게 부끄럽기까지 했다. 그로 인해 나를 돌아보기 시작했다. 그동안 나는 아픔을 치유하려 시도해보았나? 아주 간절히 노력했던 게 맞나? 하나하나 조목조목 곱씹으며 돌아보기 시작했다. 더욱 객관적인 눈으로 돌아보기 위해 글쓰기를 했고, 내 문제들이 한순간 종이 위에 나열되었다. 아픔에 대한 페이지가 고작 한 장으로 끝났다. 수백 장 이상을 적어도 아픔이 정리되지 않을 거 같았는데, 고작 한 장으로 정리되다니……. 단 몇 가지 이유로 나는 그동안 끙끙 앓고 있었다는 걸 직시할 수 있었다. 아픔들이 상대적이긴 하다.

한가지 문제로 죽고 못 빼길 정도로 상처를 받기도 한다. 그러나 종이 위에 문제를 적어보면, 생각보다 큰 문제가 아닐 수도 있다. 나는 종이 위의 문제를 직시하며, 문제의 근원이 무엇인지 생각했다. 모든 문제의 근원은 나 자신을 찾는 거였다. 나 자신을 잃었기에, 꼬리에 꼬리를 물고 계속해서 문제들이 나타나기 시작했다는 것을 알게 되었다. 나보다 더 큰 아픔을 안고 살았던 이들이 독서와 글쓰기로 이겨냈기에 그 중요성을 한결같이 강조하고 있으니, 지푸라기라도 잡듯 그들의 배움을 따라가기 시작했다. 나 자신을 찾기 위해 더욱 열심히 독서로 배움을 얻어가면 된다는 걸 알았다.

나도 그들처럼 독서와 글쓰기로 치유하기 시작했고 나를 찾아갈 수 있었다. 신기했다. 지금과 같은 에너지가 고갈되지 않도록, 독서와 글쓰기는 평생 해나갈 것이다. 이건 정말 진심이다. 독서와 글쓰기의 힘은 허황된 게 아니다. 나와는 다른 세계에 존재하는 힘이 아니다. 그 힘은 내 안에서 숨어 있다. 우리들이 발견하지 못할 뿐이다. 모든 아픔을 이겨낼 힘은 나 자신이 가지고 있다. 부디 그 힘을 기르고 길러 깊숙이 묻어두었던, 상처와 아픔을 보듬어 주며, 소화하여 더욱 성장할 수 있길 바란다. 나는 이 힘을 유지하며 계속해서 나 자신을 치유하면서 성장해 나갈 것이다. 아무리 심한 풍파가 오더라도 절대로 쓰러지지 않고, 포기하지 않을 것이다. 진심으로 다짐한다! 그리고 내게 소리친다.

난 할 수 있다! 나는 쓰러지지 않을 것이며! 그 전의 나약했던 나로는 절대로 돌아가지 않을 것이다! 여러분도 꼭 경험하길 바란다. 독서와 글쓰기의 놀라운 힘을 말이다!

10년 후 보다 나은 나를 위해

10년 후의 내가 기대된다. 어떻게 발전해 있을지 궁금해진다. 2017년 11월에 만난 본격 독서의 세계를 통해 변화되기 시작한 나는 점점 마음을 단련시키고 있다. 더욱 단단하게, 더욱 풍성하게, 더욱 빛나게 더 나은 10년 후의 나를 위해 지금도 열심히 내게 집중하고 있다. 하루하루의 노력이 쌓이다 보면, 분명 10년 후에는 지금과는 사뭇 다른 내가 서 있을 것이다.

현재에 집중하고, 독서와 글쓰기로 마음을 단련시키고, 나 자신과 많은 대화를 하고, 나 자신을 알아가고자 노력한다면, 분명 더 나은 내가 기다리고 있을 거라 믿는다. 더욱 넓은 시각으로 세상을 바라보고 있을 내가 기대된다. 그 문턱으로 가는 여정에서 여러 가지 시행착오를 겪을 것이다. 그럴 때마다 독서와 글쓰기를 통해 배움을 얻고, 나 자신을 믿으며 위기에서 벗어날 것이다.

시행착오로 얻은 배움을 소화하고 있을 나를 생각하니 뿌듯해진다. 걱정과 불평, 불만으로 살았던 과거의 7년이란 세월 동안 변화된 것이 있는지 되돌아봤다. 주위 환경은 변했어도 나 자신은 그대로 그 자리에서 한 발짝도 내딛지 못한 채 멀뚱히 서 있었다.

세월이 애석하기만 하다. 세월은 흘렀어도 내 세계의 우물 안에서 나올 생각조차 하지 못했다는 게 너무나도 안타깝다. 누군가 좀 더 적극적으로 독려해 주었다면, 나는 우물 안에서 벗어나고자 노력은 했을까? 더욱 나은 세상이 있다고 말해줘도, 아마 그 자리에 그대로 멀뚱히 서 있을지도 모른다.

하루하루 마음의 병을 앓아가고 있었기에, 나 자신을 잃은 채 보이지도 않는 안개 속을 하염없이 쳐다보고만 있을 것이다. 마음은 우리의 모든 것을 좌우한다. 마음이 건강하면 내 삶이 건강해지고, 마음이 불행하면 삶도 불행해진다. 불행한 삶에선 아무것도 하기 싫고, 그저 기력 없이 하루하루 살아가기도 벅찰 것이다. 이왕 태어난 거 건강한 마음을 가지고 행복을 느끼며, 나 자신을 성장시키며 살아가야 하지 않을까?

인생의 시간이 아깝지 않은가? 한 살 한 살 먹을수록 인생의 속도가 빨라짐을 느낄 때마다 무서워진다. 보람차고 찬란한 1월이 눈 깜짝할 사이에 후회 가득한 12월이 되어, 다음 해를 맞이하고 있다.

시간은 점점 빨리 지나간다. 왜 이렇게도 시간이 빨리 가는지 모르겠다. 세월이 흘러가는 속도는 나이에 비례한다는 말이 절실하게 와 닿는다. 아마 나이를 먹을수록 어제와 오늘이 같고, 오늘과 내일이 같은 변화 없는 일상을 살아가기 때문이 아닐까?

시간은 점점 빨리 지나가는데, 제자리에 멀뚱히 서 있을 텐가? 이왕 시간이 흐르는 거 봄, 여름, 가을, 겨울을 온전히 느끼며, 자기 자신에게 집중하며 인생을 맛봐야 하지 않을까? 인생의 시간을 보람차게 보내자.

나는 어쩌다 만난 독서와 글쓰기로 인해 인생의 시간을 허투루 보내면 안 된다는 것을 절실히 깨달았다.

내 울타리에 갇혀 세상에서 도태되고 싶지 않다. 내가 조금만 노력한다면 볼 수 있는 것이 있음에도, 앞을 가리고 있는 벽 때문에 볼 수 없다고 단념하지 않길 바란다. 평범하디 평범한 내가 책을 내는 이유도,더욱 나은 나로 한 발짝 내딛기 위해서다. 나를 보며 여러분도 할 수 있다는 용기를 얻었으면 좋겠다. 내가 평범했던 작가들의 책들을 읽고 강렬한 위안과 공감으로 나를 변화시키는 계기를 얻은 것처럼 나는 믿는다. 내 책도 어느 한 사람에게는 위안과 공감으로 용기를 전해줄 거라고 말이다.

우리 인생은 짧다. 아이들이 훌쩍 커갈수록 나는 그만큼 나이를 먹는다. 슬프기도 하지만 생각을 달리 먹기로 했다. 아이들이 훌쩍 클수록 나는 그만큼 열매를 여무는 나무가 되어 가는 것이다. 아이들이 성장할수록 나 또한 성장한다. 30대가 되었다고 어른이 다 된 것은 아니다. 멈추지 말고 우린 계속 성장해 나가야 한다.

힘들고 지독한 육아의 세계가 정말 힘들지만, 지금을 후회하진 않는다. 한때는 너무 힘들어서 결혼은 왜 했나, 아이는 왜 낳았냐며 나를 책망했다. 그러나 독서와 글쓰기로 나 자신을 보듬어주자, 나의 결정에 후회가 사라졌다.

어차피 내가 한 선택이고 되돌릴 수도 없는데, 한없이 후회하고 과거를 그리워만 해서는 안 된다. 내 인생 신조는 '안 하고 미련 가지며 후회하는 것보단, 하고 후회하는 게 더 낫다.'이다. 지금까지 그렇게 살아왔고, 앞으로도 그럴 것이다. 마음이 단단해지자 더는 내 선택이 후회되지 않는다. 결혼하고 육아를 통해, 지금까지 해보지 않은 값진 사랑을 배우고 있다. 그 사랑의 끝이 어디쯤 일진 모르겠지만, 하나하나 곱씹으며 계속해서 배워나가고 있다.

결혼과 육아가 아니라면, 절대로 배울 수 없는 지독한 사랑 말이다. 아이들은 우리의 도움을 절실히 필요로 한다. 내게 모든 것을 의존하는 존재다. 나는 그런 아이들을 위해 맹목적인 희생과 봉사를 하게 된다. 지금까지 겪을 수 없었던 차원이 다른 사랑을 경험하게 된다.

힘들고 피곤하고 아파도 무조건 아이들에게 희생하고 봉사해야 했다. 마치 나의 한계를 시험하는 무대인 것만 같았다. 이런 상황들을 하나하나 맞닥뜨리고 해결하다 보면, 어느새 아이들로 인해, 또 다른 사랑을 경험하고, 성숙해나가는 나를 만나게 된다.

과거에 이와 같은 차원이 다른 사랑을 해본 적이 있는가? 세상은 한 인간에게 아이들이란 존재를 내어주며, 차원이 다른 사랑을 맛보라고 큰 숙제를 주어 성숙시키려 하는 거 같다. 아무 조건과 목적도 없이 상대방에게 무한히 내 것을 내주며 사랑을 한다는 게 어떤 것인지. 아이들은 내게 선생님이나 마찬가지다. 생각조차 할 수 없는 사랑의 존재를 경험하게 해주었으니 고맙다. 또한, 아무리 힘들어도, 아이들이 내게 건네는 애교와 응원 어린 행동들이 하나하나 늘어나는 것을 보며 힘든 순간들을 이겨낼 수 있었다.

아이를 키우면 나 또한 아이의 시선으로 세상을 바라보게 되는 경우가 종종 있다. 구름을 보며 열광하면, 나도 같이 구름을 보며 반응을 해주고, 지나가다 개똥을 보고 좋아하면, 나도 개똥을 보며 아이처럼 반응해준다. 의식하지 못했던 소박한 것들에서 즐거워하는 모습을 볼 때면 느끼는 바가 많아진다. 동전의 양면처럼 행복과 불행은 한 공간에 있기에 불행한 만큼 행복은 내게 다가와 주었다.

시간이 갈수록 불행보다 더 큰 행복과 사랑이 내게 다가오기 시작했다. 예전에는 그저 육아가 힘들고, 괴로웠지만, 아이가 커가며 내가 했던 대로 내게 해주는 모습들을 보면 힘이 불끈 나서 이겨낼 수 있는 원동력을 제공해준다. 그럴수록 더 지혜롭고, 더욱 본받을만한 엄마가 되어야겠다고 다짐하게 된다.

큰 행복을 얻기 위해선 그만큼 노력이 받쳐줘야 한다. 10년 후 더 나은 나를 위해선 그만큼 간절히 노력을 해나가야 할 것이다. 10년 후가 되면, 더 나은 10년 후의 내 모습을 위해 계속 한 걸음 한 걸음 나아가야 할 것이다. 나는 반드시 빛나는 기둥이 되어, 내 주위에 빛을 발하고 싶다. 어둠에서 헤어나오지 못하는 사람들에게 길을 알려주고 싶다.

지금의 책을 10년 후에 읽게 된다면, 많이 부족하고, 내용도 탄탄하지 못하고, 표현도 어색하고 허술할 것이다. 그걸 느꼈다면, 나는 성공 한 것이다. 나의 부족함을 끄집어내면 낼수록 그만큼 성장한 것이니까. 지금 내 상태에서 책을 낸다는 게 민망하기도 하지만, 나는 이 책을 계기로 점점 성장하는 나를 위한 한 발짝을 내디디고 싶다. 한 권 한 권 낼수록 과거의 책들을 보며, 나를 되돌아 볼 수 있는 내가 되고 싶다. 결심만 하지 말고 행동으로 반드시 이행해야 한다. 점점 성장해가는 나를 보고 싶다. 10년 후의 내게 말해주고 싶다. 나는 점점 성장하고 있으니, 지켜봐달라고. 오래 걸리더라도 거기에 서서 나를 기다려달라고. 괴로움을 즐기고, 나약함을 즐겨라. 그리고 그걸 소화해라 그럼 나는 그만큼 성장하고 또 성장할 테니…….

미래의 나에게

안녕? 넌 미래에서 나를 지켜보고 있니? 미래의 난 어떻게 지내고 있니? 좀 더 성장하고, 지혜로운 어른이 되어 있니? 내가 생각하는 모습 그대로일지 궁금하다. 나는 많이 기대하고 있어. 미래의 내 모습은 정말 멋질 거라고! 지금보다 훨씬 주도적으로 삶을 살고 있을 나를 생각하면, 가슴이 뜨거워진다. 지금은 그저 목표일 뿐이지만, 그 사이 몇 권의 책도 더 내며 성장해있을 내 모습을 생각하면 너무나도 벅차.

내 꿈을 이루기 위해선, 그만큼 노력하고, 항상 그 꿈을 생각하고, 마치 꿈을 이룬 거처럼 행동한다면, 더욱 빨리 내가 설정한 목표에 도달할 수 있다고 하던데, 그게 맞을지 궁금해.

하긴 나는 벌써 그 놀라운 첫 번째 경험을 하고 있어. 나는 글쓰기와 본격 독서를 시작한 게 불과 반년이 안돼. 근데 지금 책 하나를 출간하기 위해 글을 쓰고 있어. 웃기지 않니?

짧은 시간 동안 변화를 이룬 마음을 바탕으로 그만큼 간절히 원했고, 노력했어. 근래에 내게 너무나도 큰 울림들을 준 책의 저자들을 검색하며, 나는 놀라고 말았어. 대부분 평범한 일반인이었다는 거지. 나와 같은 현실에 사는 사람들 말이야.

유명작가들이야 베스트셀러에 등극한 분들로 나와는 다른 세상에 사는 이들이지만, 내게 아주 큰 울림을 준 책들의 저자는 나와 같은 평범한 일반인이었다는 거야. 나는 거기서 충격을 받았어. 나와 같은 일상을 사는 이들의 이야기들로 내가 큰 울림을 받는다는 게 놀라웠지. 그런 분들의 책들을 더 접하게 되자, 어느 순간 나도 저런 분들처럼 되고 싶다는 생각이 물 흐르듯 자연스럽게 흘러갔어. 그 순간 나도 모르게 책의 제목과 구성들이 생각나기 시작하는 거야.

정말 신기했어. 세상을 향해 말하고 싶은 이야기들이 이렇게도 많은데 어떻게 꽁꽁 억압한 채 살아왔을까 싶더라고. 그만큼 억압한 채로 살고 있었으니, 종종 가슴이 답답하고 갑갑했던 게 이것 때문이 아닐까 싶었어. 그래서 나를 위해서도 내 마음에 억압된 글들을 적어야 한다는 걸 느낄 수 있었어.

원래는 책을 펴내는 기간을 길게 잡았어. 앞으로 5년 안에 최소 1권의 책을 출간한다는 게 목표였어. 근데 부득이하게 전업주부가 되고, 둘째 임신으로 본의 아니게 어느 정도의 자유시간을 가지게 된 지금을 무턱대고 흘려보내기엔 너무나도 아까운 거야. 지금처럼 자유롭게 독서하고, 글을 쓸 수 있는 순간이 아이 둘을 다 키울 때까지 주어지지 않을지도 모른다는 생각에 겁이 났고, 조급해졌어. 그래서 난 무슨 일이 있어도 내게 주어진 둘째 출산전의 시간을 최대한 활용하고, 도전해보자는 생각을 하게 된 거야.

책을 구상하기 시작한 게 2018년 1월 18일이었어. 내용을 어떻게 꾸려나갈

지 천천히 구성을 준비하기 시작했지. 그러다 2018년 3월 9일이 되었을 때 결단을 내려. 이 순간을 헛되이 보내면 안 되겠다고, 둘째 출산하기 전에 한 권을 출간하는 것을 목표로 해야 함을 내 몸의 모든 신경은 말하고 있었어.

결심한 지 일주일도 안 되어 책의 50%를 정리해갔어. 나는 그렇게 본격적으로 책을 쓰기 시작한 거야. 너무나도 평범하고 내세울 게 없는데도 두렵지 않았어. 내가 감명 받았던 책의 작가들처럼 나도 할 수 있다는 검증되지 않은 용기가 내 몸을 이끄는 거야. 2018년 3월 14일 출간할 수 있는 기회를 잡게 됐어. 정말 놀랍지 않아? 결단을 내리고 한달도 안 되서, 출간의 기회를 잡고, 나는 출간을 위해 한발한발 내딛고 있는 거야.

책의 평가가 어떻든 지금은 두렵지 않아. 그저 마음 속 깊은 곳에 파묻혀있던 상처들을 정면으로 끄집어 내어 툭툭 털고 일어나는 것만으로도 나는 충분하다고 생각해. 정말 간절한 게 있고, 그것을 위해 노력을 한다면, 그 기회는 내게 다가온다는 걸 다시 한번 경험하는 순간 이였어. 이 계기로 내가 생각하는 미래의 너와 조우할 수 있는 계기를 마련한 거 일 테지?

난 너에게 가기 위해, 현재를 살며, 현재의 나에게 집중할 거야. 현재의 나를 위해 노력한다면, 언젠간 내가 생각하는 미래의 너와 만날 수 있을 거라고 굳게 믿고 있어. 부디 미래에서 나를 지켜보며, 내가 생각하는 너의 모습으로 기다려 주길 바래.

시간이 오래 걸리더라도 조금만 참아줘. 너를 향해 부지런히 한 발 한 발 걸어가고 있을 테니 말이야. 나폴레옹 1세의 명언 중 이런 말이 있어.

'승리는 가장 끈기 있는 자에게 돌아간다.'

난 이 말을 굳게 믿어! 너를 생각하며 보란 듯이 해나갈 거야. 꼭 지켜봐 줘!

우리 만나는 날 서로 환하게 웃으며 만나자!

마치는 글

우리들은 삶을 살아가면서 많은 문제와 현실의 벽을 만나게 된다. 그것으로 인해 방황, 아픔, 상처, 좌절, 절망 등을 맛보게 된다. 부모라는 울타리 안에 있을 때는 몰랐던 세상의 풍파를 오롯이 맞을 때면 냉정함과 무심함으로 나를 막 대하는 세상이 나한테만 이러는 거 같아 억울하고 원망스럽게 느껴지면서 부모의 품이 그리워진다.

그렇다고 부모님에게 힘든 일들을 일일이 말하지도 못한다. 더 이상의 짐을 내어드리고 싶지 않은 마음에서겠지. 그러니 내게 다가온 감정의 파편들을 다스려야 하는 것은 내 몫이다. 어떻게 이겨내야 할지 많은 사람은 고민할 것이다. 괴로움을 이겨내야 한다는 생각도 외면한 채, 문제를 떠안고 마음 깊숙한 곳에 묻어버리곤 평소와 다름없는 현실을 살아가고 있을지도 모른다.

나 또한 그런 사람 중의 하나였다. 문제를 알면서도, 어떻게 해야 이겨낼 수 있는지 알 수 없었다. 나름대로 여러 방법을 시도해보지만, 답을 찾지 못해 끝내 포기한 채 하루하루를 살아갔다. 아무 생각도 안 하고 나 자신조차 외면하며 사는 게 오히려 마음이 편했다. 난 그렇게 현실과 타협하며 제자리에 멍하니 서서 지내기 시작했다. 기력 없이 하루하루를 살아가고, 인생에 뭐 없다는 것을 뼈아프게 느끼며 살아가는 것은 보이지 않는 고문과도 같았다. 허망하게 인생의 시간을 보내야 한다는 자체가 너무나도 슬프고 마음이 저리며 아팠다.

한 생명이 세상에 태어났다. 그 생명체는 꼭두각시처럼 세상의 흐름에 의존하며 이러지도 저러지도 못한 채 조종당하듯 살아간다. 주관적으로 살고자 하는 의지조차 모른 채 어제와 다름없는 삶을 평생 살아가야 하는 걸까? 태어났을 땐 반짝반짝 빛났던 생명체가 점점 빛을 잃고, 어두운 현실에 잡아먹히려 하는 상황이 너무나도 허망하고 슬프지 않은가?

나는 절대로 이렇게 살다 죽고 싶지는 않았다. 이렇게 살다 죽기엔 내 인생은 너무나도 많이 남았고, 과거를 후회하며 죽고 싶진 않다. 죽을 때 가장 후회를 하는 게 하지 못한 것들에 대한 미련이라고 한다.

난 슬픈 결말을 바라지 않는다. 죽음을 앞두었을 때 후회 없이 살았던 내 삶을 미소지으며 배웅해주고 싶다. 삶은 내가 바란 대로 계속 평온하게 있진 않을 것이다. 변함없이 남은 인생에서도 힘겨운 나날들이 이어질 것이다. 그렇지만 마음 상태를 굳건히 하면 이겨낼 수 있다.

힘겨운 일들을 이겨낼수록 그만큼 성장한다고 믿는다. 책과 글쓰기를 하면 할수록 이 믿음은 더 강해지고, 마음은 단단해진다. 삶의 활력이 있고 없고의 차이는 실로 엄청나다. 삶을 대하는 마음을 책으로 인해 다시 일으켜 세울 수 있었다. 그 순간부터 하루하루가 너무나도 새롭고 달라 보이기 시작했다.

환경적으로 변한 것은 하나도 없는데, 내 마음 상태 하나 바뀌니 너무나도 달라 보이는 것이다. 세상엔 배워야 할 교훈들이 너무나도 많은데, 그걸 여태 깨닫지 못한 채 살았다는 게 안타깝기만 했다. 평생 많은 배움을 소화하기에도 인생은 짧다는 것을 깨닫게 되니, 하루하루가 너무나도 소중하게 느껴졌다. 허무하게 하루를 보내고 싶지 않다는 마음이 강하게 다가오기 시작했다.

세상에는 인생의 교훈과 나 자신을 찾고 사랑하는 방법에 대한 배움이 무수히도 많다. 한번 사는 인생 내게 도움이 되는 배움을 무시한 채 힘없이 살아가고 싶은 사람들이 있을까?

이왕 사는 거 행복하게 살고 싶지 않은가? 늦지 않은 시기에 다행히도 그 답을 책과 글쓰기에서 찾았다. 행복하게 살 방법들, 나를 찾는 방법, 내 마음에 집중하는 방법들……. 하나하나 배울수록 많은 이치를 깨닫기엔 시간이 너무 빠듯하다는 것을 절절히 느낀다. 이제야 한 발짝 내디뎠을 뿐인데, 앞으로 펼쳐질 여정의 끝을 알 수 없어, 힘이 빠지기도 한다.

그러나 출발점을 스쳐 지나간 한 발짝이 가장 중요하다. 그 시작으로 묵묵히 한 발 한 발 걸어 나가기 시작하면 된다. 결심만 하지 말고, 행동으로 내디딘 이 한 발짝으로 우린 인생을 긍정적으로 살아가게 도와줄 거라 믿는다. 나는 모든 세상 사람들이 불행하지 않고, 행복하게 살았으면 좋겠다. 자기 자신을 잃지 않고, 내면의 성장을 이루며, 지혜로운 어른으로 나아가길 바란다.

외적인 성장은 끝났을지 몰라도, 마음의 성장은 평생 이루어져야 한다. 마음을 정화하고 수련하지 않는다면, 점점 녹슬기 마련이다. 마음이 녹슬지 않도록, 좋은 기름으로 기름칠도 해주고, 계속 움직여줘야 한다.

아직 늦었다고 생각하는 분들이 있다면, 절대 늦지 않았다. 부디 독서와 글쓰기의 놀라운 에너지를 느껴보길 바란다. 긴 방황을 한 권의 책으로 한순간에 매듭지었다. 그 긴 시간 동안 난 무얼 했던 건지 허무하기도 했다.

진작 마음을 열고 책을 가까이하며 읽었더라면, 긴 시간을 허송세월 보내지 않고, 나에게 집중하며 하루하루 더 열심히 살았을텐데라는 생각이 든다. 후회한들 어쩔 것인가. 인생은 되돌릴 수 없다. 과거의 내 실수를 인정하고, 다신 같은 실수를 안 하도록 노력하며 남은 인생을 살아가면 되는 것이다. 이번 방황으로 나는 엄청나게 큰 배움을 얻었으니, 그걸로 된 것이다. 끝도 알 수 없는 방황의 탈출구를 애타게 찾고 있는 나를 상상하면 여전히 마음이 아려온다.

인생은 배움의 연속이다. 무언가를 하나라도 더 배워 방황의 파편과 교환하며 내 마음을 평온으로 채워야 한다. 그렇게 한다면 끝도 알 수 없는 방황, 허망한 삶, 하루하루 숨 쉬는 이유도 모른 채 무채색의 세상을 살아가는 이들에게 풍성한 색상의 세상을 볼 수 있게 해줄 것이다.

책과 글쓰기로 부디 방황의 매듭을 짓길 바란다. 내가 몇 번이고 강조해도, 직접 경험해 보지 않으면 알 수 없다. 삶의 의미와 가치를 찾아 헤매는 분들이 많을 것이다. 이 책을 읽고 있는 분들 또한 그 그룹에 속해 있을 것이다. 책을 읽는다는 자체가 나를 찾는 여정의 하나의 수단이기 때문이다. 나 역시 나를 찾기 위해 긴 시간을 묻고 또 물었다. 질문은 답도 없이 연기처럼 사라질 뿐이었다. 지금은 한 권 한 권 읽으며 조금씩 답을 찾아가고 있다.

책을 읽을수록 하나의 답은 또렷이 내게 다가왔다. 얼마나 가지고 살 것인가가 아닌, 어떻게 살 것인가를 고민해야 한다는 것이다. 그 계기로 삶의 의미를 깨닫고, 나에게 집중하며, 더 나은 인생을 향해 가슴 뛰는 삶을 살아가야 한다는 것이다. 당연히 그 과정에서도 많은 시행착오가 있을 것이다.

책을 많이 읽는다고 해서 내 주위 환경이 달라지는 것은 없다. 행복으로 가는 여정에서 좌절과 절망은 반드시 따라다닐 것이다. 그러나 방해요소들이 더 나아갈 수 없도록 막더라도 지혜롭고 단단해진 마음으로 이겨내면 된다. 하나하나의 어려움으로 배움과 깨달음이 내면에 쌓이면서 더 나은 삶을 살아갈 수 있는 밑거름이 될 것이다.

실수는 실패가 아니다. 실패는 끝이 아니다. 실수와 실패는 나를 더 성장시키는 자양분이다. 그것을 내 것으로 소화하느냐 마느냐의 문제이다. 내 것으로 소화해 더욱 성장하는 우리들이 되었으면 좋겠다. 내 이야기가 여러분들의 자기 자신을 찾는 여정에 도움이 되길 바란다. 여기까지 읽어주신 독자분들께 진심으로 감사드린다.

이 책을 출간하기 위해 평소보다 더 많이 글쓰기에 시간을 할애했다. 이 계기로 글쓰기와 더욱 친해질 수 있었고, 나를 한 번 더 되돌아보는 기회가 되었다. 젊다면 젊은 34세인 내가 많은 이들에게 내 경험과 생각을 언급한다는 게 두렵긴 하다.

독자분 중엔 분명 나보다 연배도 높고, 더 많은 세상 경험을 하신 분들도 계실 텐데, 나라는 존재가 과연 그들 앞에서 내 경험과 생각들을 표현한다는 게 어찌 보면 예의가 아닌 거처럼 느껴지기도 한다. 만약 나의 이야기를 읽고 기분이 나빴거나, 언짢아하신 분들이 계시다면 사과드린다.

이 책을 출간한 이유는 한 분이라도 내 이야기를 읽고 용기를 얻길 바라는 마음에서다. 내가 평범했던 작가들의 책을 읽으며, 너무나도 큰 울림과 용기를 얻곤 방황을 마무리한 거처럼 내 책도 소수의 분에게나마 마음의 치유와 용기를 줄 수 있는 이야기가 되었으면 좋겠다.

나는 긴 시간 동안의 방황을 매듭짓고, 더욱 나를 성장시키기 위해 출발점에서 막 한발을 내디뎠다. 여러분도 나와 함께하는 길동무가 되었으면 좋겠다. 우리 모두 나 자신을 잃지 말고 지금을 행복하게 살자! 인생의 주인공은 나이고! 이왕 사는 인생 행복하게 살아가자! 나 자신에게도 외치고 싶은 말이 있다.

힘내! 나의 30대!

2018년 4월, 탈고를 마치며